原田　利徳

妙界の虎は

文芸社

※『記』

◎この作品に触れる前に 御拝読下さい。

☆　妙界の虎 この教え哲学は人類史三千年の文明と文化を 根底から覆す。で…無ければ人類は 今世紀末迄に滅亡を迎える。これは虎が 自然界と冥合して生きた 八十余年の人生体験から顕した哲学で間違いは無い。

☆　この件（くだり）は虎の著書二千年に 全国発売した『文殊』と二千十二年『貴方に幸運を呼ぶ徳』にも説いた。神仏を敬う『礼拝文明』『民主主義』の間違いを 論理的に認めた。信じる信じないは別だが 結果は出ている。

☆　人類の存続は この…お化け文明の爆発を於いて 他に無い…さぁ〜どうする。現代の『倫 秩 徳』に悖る政治家に 為す術無し。庶民の目覚めを乞い願う 本編にどうぞ…。

◎　この『妙界の虎』は 自然界の摂理を 次の作品『徳の妙典』に顕す 口上書である。

目次

妙界の虎は

● 人間とは何か

★虎は吠える

☆　人類よ　心静かに **世界**を見よ　現代文明の末路で　世界の何処に　安住の地は有るのか。この文明を覆_{くつがえ}さなければ　人類史上初めて　**人間が滅亡**する。世の政治家よ　有識者よ　時を知れと『**妙界の虎**』は吠える。

☆　ご挨拶が　前後間違い御免なすって。虎は滅亡に向かう　**人類存続の為に**　参りました『**妙界の虎**』と申します　無学な妖怪ですが向後万端　宜しく　お見知り置きの程を…。

妙界の使者　虎

9

● 『妙界の虎』　　　　　　　　巻頭言

☆　ハイ…ようこそ。この度は 幻の**新世紀**に巡り会えた事に因り 自然界が**貴方**を守る。それは もう一人の**貴方**を自然界より授かり **貴方**の新しい人生の **門出**になるかも…？

☆　人類は 自然界から逸脱して…目的を誤り**今 滅亡**に向かっている。それは何故か…？『**平和 幸せ 自由 人権 平等**』…耳障りの良い**五句**に 人類は騙されたのかも…？

☆　現代人達が…**殺し 騙し 競う** 民主社会に**安住の地**…日は有るか 国民に問う。そして最悪な 履き違えた**宗教**と『**民主**』が狂った**民主主義**を 人間が生きる**軌道**に乗せる。

☆　妙界の虎は 現代社会を**根底**から覆す為に**言魂詩**の全頁に 同じ事を認める。新世紀は読む作品では無い。**心に宿す**新しい**人類学**『**徳生文明**』である。世に出れば **ソクラテス**が浮かばれるかも…？

　　　　　　　　　　　　　　妙界の使者…虎

● 妙界の『虎』は見た…？

◎ 千九百四十七年 四月十日 自由民主教育…
最初の小学一年生 入学式での出来事…。
★一体何が…？

★　この時 **日本国** は 唸を上げ **壊れ**ていく。日本国 誕生から 実に二千六百七年の歴史が自由**民主教育**にて 滅びた。入学式の朝礼で小学一年生の虎が見た物は…朝礼台に立つ校長先生の後方にて『**何か**』が 起こった。

★　大和が…無残に虐待されて 消される…。それは 人類史で 最高の歴史を誇る 皇室…**明治天皇**が 認めた 人類哲学『**教育勅語**』が安置されている 立派な 『**奉安殿**』が無残に取り壊される。その様子を見た虎は…？

★　日本が戦争に負けたとは言え 詳しい事は小学一年の虎には分からないが 民主教育は『**何か**』が違う…。そして 『**徳**』の**哲学**を 七十歳 **古希**の朝に 自然界より**授かる**。　　　　　**妙界の虎**

● 妙界の『虎』は悟った…？

◎ 千九百五十九年 十九歳の時に紹介された
　 新しい二人の友人で 虎の生涯は決まる。
　 ☆その二人の友人は誰…？

☆ 全国各地を行商で回る**佐野**さんと 財産を騙し取られ弁護士を目指す**柴田**さん。この**二人の友人**を紹介してくれたのは 虎が中学時代からの歳上の縁者で侠客道の**奥空**さん。人生で一番大事な事は『**出会い**』である。

☆ 現代人は**会話**は出来ても 話の出来る人は少ない。**奥空**さんは 話を付ける意味を教えた。**佐野**さんからは 哲学と宗教を教わり **柴田**さんからは法律の矛盾を教わった。現代人は教育の意味を悲しいかな…履き違えている。

☆ 教育とは 知識を付ける事では無い。人間形成を造る事である。知識は 知恵の入り口 人間には知恵より大事な事がある。それを人類に諭す事が**虎の使命**である。　　　　　　　**妙界の虎**

● 妙界の『虎』が…諭す

◎ 知恵よりも 大事な ものとは…

   自然界の法則と『生命』である

      ☆知恵では…為す『術』は無い

◎ 自然界の『道理法則』を…虎は

   言葉の『魂』として…此に顕し

      ☆病む現代『人間社会』を覆す

 ※ 虎の 言魂詩

◎ ここに顕す、55・4行に認めた言魂詩は私の人

   生八十余年の体験を通して認める。

◎ 人生とは…一度では無い…人間に

   宿った生命は肉体から離れても

      ☆人間の『生命』は永遠である

◎ 妙界の虎が顕す『新世紀』では

   現代の文明科学から全てを覆す

      ☆虎は人類の『存続』その為…

● 言魂詩にて社会を斬る

● 妙界の『虎』に諭す元号

◎　虎は 令和の初日に 初めて

　　空港施設警備の業務に就く。

　　★悟る…新世界…？

★　朝七時〜夕刻五時 工事竣工完予の四年間瞬時の油断 休憩無く昼食も箸で食べた事は一度も無い。是が 警備士… 虎 八十余年の人生で 初めて知る。そして人間の残酷さも野良猫や野鳥に 虎は 教えられ…悟る。

★　或る日 尻尾の長い虎猫を 虎は目にするも暫くして尻尾を切られ 虎の前に現れる。話し掛けて居ると毎日来て 虎に『何か』を表情で訴える。片足の小鳥も加わり 二匹は仲良く虎の出勤を待つ…詳細は別項に…。

★　虎は 警備業務に就き 未だ己の知らない世界が有る事を知る。人生の儚なさ 素敵な監督との出会い 自然界より言魂詩を授かり虎は 現代社会を言魂詩で斬る。　　　　　　　　　　妙界の虎

● 『虎の言魂詩（ゴンゴンシ）』　その一

◎　この作品は虎の『言魂（ことだま）』を

　　『五 五 四』この詩で認める

　　●それは何故…？

☆　世の全ての生物には　意思を伝える**言葉**が有り　猫や小鳥に蟻さんにも有る。そして…**日本語**には『**言魂**』が有る。日本語以外は言魂が無く　記号に等しい…違いますか…？　虎の**体験**では**日本語**は**世の生物**に通じる。

☆　日本語の『**言魂**』で　全人類が神仏に祈る礼拝文明の誤りを　徳の言魂で正して行く。人類の絶対的価値観とは　**存続**する事であり新世紀は『**五 五 四**』この詩を以て　小さな**一歩**から　人類の**存続**を論し　説いて行く。

☆　現代社会は政治家にせよ　指導者にせよ　その舞台を醸し出す**言魂**が無い　何故か…？　発言は　自然界に相反し　その場に合わせた文言で　**都度変わり**　言魂が無い。　　　　　　　　**妙界の虎**

● 『虎の言魂詩』　その二

◎　感染病は人類が『自然界』を
　　破壊していく 戒めである
　　●それは何故…？

☆　自然界の 道理法則が 宗教であり 神仏はいない
　　が 日本国の神は…その限りではない 太陽神は自
　　然界である。人類は 神仏に祈る誤った教えに因
　　り 戦い 競い合い 自然界を破壊する。この人類を
　　自然界は戒める。

☆　日本に於いては…仏教が入ると感染病が戒めに
　　蔓延した。人類史では 神や仏の教え『礼拝文
　　明』この流布に沿って 形を変えた感染病が 発生
　　して来た。時間と興味のある 御方は 調べなさい。
　　何か分かるかも…。

☆　人類が神仏の教え『礼拝文明』を宗教と認識し
　　崇拝する事は 自然界の道理法則に背反する。こ
　　の間違いを 正して行く事が新世紀の教え哲学で
　　ある。　　　　　　　　　　　　　　妙界の虎

● 『虎の言魂詩』　その三

◎　政治とは民衆の為にあるの…？
人類の『存続』の為にある
●それは何故…？

☆　真の政治は 自然界と人類の冥合にある。日本の政治は支離滅裂 破れ障子に等しい。**政党**に毅然とした**哲学が無く** 新党にしても茶番で漫画 同前である。この政治を刷新し軌道修正するのが新世紀である。

☆　先ず政党は **自然界**と**人間**が**共存**する事を根幹にした 責任ある『政党』の誕生以外に人類の存続は無い…違いますか…与野党の闘いが政治では無い。本来の政治に野党は要らない この意味が分かりますか…？

☆　政治とは…『国を司る権力』では無い。人類の存続を 核にした『**人類存続党**』の発祥以外に 人類の『**存続**』は無いと虎は『**言魂詩**』として此に認める。　　　　　　　　　　　　**妙界の虎**

● 『虎の言魂詩』　その四

◎　現代宗教と『生命』の
　　認識を虎は質してみる
　　　●それは何故…？

☆　新世紀は『朝の来ない夜は無い』人間の大元の
教えである。対象物に 祈り縋る事は信仰であり
宗教に祈る『対象物』は無い。自然界の道理法則
が 宗教である。これが『言魂詩』の 核に成る
『哲学』である。

☆　生命とは何か…人間の脳は 体内に有るが生命
と心は体内に無い。何処に有るか 分かり易く例
えれば 酸素中に浮遊する波形であり人間とは
『己』で 生きているのではない。生かされている
から 生きたくとも死ぬ…。

☆　人間 体は死んでも生命は『輪廻転生』…永遠
である。分かりやすく例えれば…携帯の子機が人
間で 交換が死である。死後の世界に天国も極楽
も成仏も無い。　　　　　　　　　　　妙界の虎

● 『虎の言魂詩』　その五

◎　現代文明と科学を
妙学を以て虎は覆す
●それは何故…？

☆　現代文明は全て **神仏の教え**から 生まれた文明 で 目的は**死**である。自然界では人間の目的は**己 の使命**を果たし 紅葉して**枯れる**。そして 生命は 別の生物に宿り『存続』する **生命**に始めも終わ りも無い **無始無終**である。

☆　現代文明の『宗教や人間哲学』は人類の存続を 諭し 顕した教えでは 無い。因って人類は**進歩**し その**限界**で『**滅亡**』に向かう この誤りを 正して 行く事が…『新世紀』の哲学であり『**徳の文明**』 である。

☆　自然界の『道理法則』を学ぶ 教え哲学を『**妙 学**』として顕す。この哲学は 自然界と冥合し ソ クラテスが「**命**」に代えて人類に残した『**徳**』の 哲学である。　　　　　　　　　　**妙界の虎**

● 『虎の言魂詩』　その六

◎　自然界の道理法則を文言に

　　認めたのが『妙学』である

　　●それは何故…？

☆　人類は 五百塵点劫(ごひゃくじんてんこう)と言う 計り知れない久遠の昔から存続して来た。だが…今から僅か三千年前に誰かが **神仏**を顕し そして生まれた文明で 人類が自然界から食(は)み出す。やがて 万物の霊長が人間であると奢る。

☆　人間が自然界から 食み出しても 良いが自然界を壊しては行けない。この不思議な**自然界と冥合**して行く学問が **妙学**である。現代社会は **科学万能**と決めて 科学の秤で計ろうとする この間違いを根底から正す。

☆　人類は 神仏を敬う「礼拝文明」の誤りで生まれた僅か三百年の**化学**に因り 地球上の**全生態系**を壊し 滅亡に向かう。この人類を**妙学**で正す **大事業**を展開する。

　　　　　　　　　　　　　　　　　　　妙界の虎

● 『虎の言魂詩』　その七

◎　民主教育で狂った人間社会を

　　虎は 妙学を以て 正して行く

　　●それは何故…？

☆　人間を生きる事は **働く**事である。それは実需職に携わる『**衣 食 住**』と…日本国の治安を守る職業が 社会の『**表**』を飾る。現代社会は人間社会の余興である 無くとも良い『**裏**』の職種が**表を飾る** この間違い。

☆　ここまで人間社会が 狂った要因は何処にある…それは **人の道**を教えない民主教育にある。自然界は「**民**」が『**主**』では無い…偉大な自然界が「**主**」である 違いますか…この間違いを**新世紀**は正して行く。

☆　人類は今世紀に入り『**地球の温暖化**』で騒いでいるが『**もう遅い**』…人類には為す術は無い **滅亡**する。この人類を**救える**のは自然界の教え**妙学**を於いて他には無い。　　　　　　　　　**妙界の虎**

● 『虎の言魂詩』　その八

◎　人類よ目を覚ませ 男女は
　　同権だが…平等では無い
　　●それは何故…？

☆　自然界の法則に 反している 『男と女』は使命
　が違う。近年 馬鹿議員が 『多様性』という 言葉
　に 惑わされて 夫婦別姓 同性結婚 **性的**障害者を
　法律で**認める**議論をしてる。ここ迄狂った現代人
　に 虎は 『喝』を送る。

☆　ここ迄日本人が狂った原因は 自由を履き違え
　た**民主教育**にある。性的障害者は 己の前世での
　行動に 要因がある。これは**生命**が**永遠**である証
　し 自然界を侮ってはいけない 現世の**容姿**で 『**前
　世**』の生き様が分かる。

☆　人間社会には 『**騙しも謝罪も**』あるが…自然界
　には無い。人類の使命は 人類の存続である。女
　が**表**に出ると人類は**滅**ぶ これは 『**自然界**』の
　『**摂理**』である。　　　　　　　　　　妙界の虎

● 『虎の言魂詩』　その九

◎　政治家は国民に頭を下げるな
　　●頭は…国民が下げるもの
　　●それは何故…？

☆　一国を良くも　悪くも『操縦』するのは政治で
　あり　お願いするのは　国民である…違いますか
　…？　　戦後教育で人間が狂った。日本国の**気骨**あ
　る**政治家**は　**武吉**で　始まり**角栄**で終わり…お願い
　する政治家は　消えた。

☆　政治とは　**自然界**と**人類が共存**する人間の為に
　ある。現代人の様に　自然界を破壊する人間の為
　ではない。現代の世相を見よ　政治より　闘うス
　ポーツが人間社会の軸で世間が回る　この原因は
　政治と国民の欠如にある。

☆　政治の間違いか…日本国は　**野党政権**の時**阪神**
　淡路大震災と　**東日本大震災**は起こった。これは
　偶然ではない。大自然界の『**怒り**』と『**戒め**』であ
　る。日本人よ目を覚ませ。

　　　　　　　　　　　　　　　　　　妙界の虎

● 『虎の言魂詩』 その十

◎ 現代社会の 全ての生業は
　　『人の道』に相反している
　　　●それは何故…？

☆ 人類が顕した 現代社会の政治…知性産業全て
　が人の道と**自然界**の法則に 背反する。この人類
　滅亡に**自然界**は コロナウイルスを送った。言わ
　ば**自然界**の使者であるが 何故日本全土で 同時に
　一時 治まったのか…？

☆ ワクチンの効果等で 治まった訳ではなく**自然**
　界が動いた。で…無ければ **日本全土で時を同じ**
　く 治まる事はない。この不思議を有識者では **答**
　えが出せない。答えは何か…それは **自然界の法**
　則『人の道』に通じる。

☆ 礼拝文明で 汚れた現代人を浄化する事は難解
　である。妙界の虎は **人類の存続**の為に全人類に
　対して『現代文明』を覆す『**徳**』の**核**『爆弾』を
　投下する。　　　　　　　　　　　**妙界の虎**

● 『新世紀 はじめに』　その一

◎　今世紀 後半…人類が初めて
経験する 地球上から人が消える
●それは…何故…？

☆　人類は 宗教の認識を誤った。宗教に祈る対象物は無い。宗教とは 大元の教えである 太陽は **東**から登り**西**に沈む。この**自然界**の道理法則が**宗教**であり 対象物に手を合わせ祈る事は 他力本願の信仰である。

☆　この間違いを 二千四百年くらい前に正す哲学者がいた。古代 ギリシャの哲人であるプロタゴラスが顕し『**ソクラテス**』が 後の世の為に己の『**命**』に代えて 人類に残した その教えとは『**徳**』の哲学である。

☆　世の不幸と人類滅亡の原因は全て神仏の**邪教**にある。この認識の 誤りを 全人類に教え諭すのは難解であるが 正さなくては**人類**は **滅亡**する。是は自然界の摂理…。　　　　　**妙界の虎**

● 『新世紀 はじめに』 その二

◎ 人類は滅亡に向かい 時は流れ…
　阿鼻叫喚 地獄が…待っている
　　●人類の末路は…？

★　人類は 今世紀末までに 自然界から消え去る。それは何故か…神仏を**盾**に生まれた文明の 進歩に因って 人間として **越**えては行けない柵を越え **触**れてはならぬ物に触れ **見**ては行けない世界を人類は見た。

★　その報いで…自然界は 人類を地球上から抹殺する時代に入った。コロナウイルスや 異常な災害は その一端であるにも 人間の奢りで『コロナ』の**目的**も調べず自然界と闘うと騒いでいる。これが 現代人である。

★　自然界に 目的の無い 生命体 ウイルスは存在せぬ事を人類に警告し 自然界の法則に冥合した徳の哲学で『**第二の文明**』を発祥しなければ…人類は滅亡する。　　　　　　　　　　**妙界の虎**

● 『新世紀 はじめに』 その三

◎ 人類は何故 滅亡に向かう

自然界の法則に相反した末路…

●それは何故…？

★ 人類は…計り知れない 久遠の昔から存続して来た。だが…三千年位前 悪魔が色々な神を顕し 悪鬼が色々な仏を顕した。それが原因で 神や仏が競い合う。そこに生まれた文明で 人間同士が **競**い合い **殺**し合う。

★ かつて人類は 自然界と共存していた。しかし科学に目覚め 科学は万能と 誤って認識する。やがて 神や 仏を信じる 人類が**化学**を生みだす。そして人間の都合 勝手に自然界を破壊 進歩した…。だが進歩には限界がある。

★ その末路は 核兵器や原発を造り 生命に触れ宇宙空間まで汚した。人類を生かせば地球の生態系が 完全に **崩壊**する。因って自然界は 人類を滅亡させる。　　　　　　　　　**妙界の虎**

● 『新世紀 はじめに』 その四

◎ 人類の目的は平和でも幸せでもない
　 人類の目的は『存続』である
　　 ●それは何故…？

★ 人類無き地球上に…平和や 幸せは無い。有りますか…？　そして 人類は 平和を求め戦争をする。戦争の無い平和や 不幸の無い幸せは無い。人類は『存続』を求め 生きて行くのが 本来の目的である。

★ 自然界では人間は**必ず死**ぬ…人間が殺し合う事は 自然界の摂理に 相反する間違いである。新世紀の目的は 平和や 幸せでも無く 人類は **自然界**と**共存 共生**し そして人類は『存続』する事である。人類よ目を覚ませ。

★ 人類は…久遠の昔から 存続して来たが…三千年位前…神や仏と言う 自然界の法則に相反し **死**を目的とする 色々な宗教が生まれ 人類は大きく目的を誤った。　　　　　　　　**妙界の虎**

● 『新世紀 はじめに』　その五

◎　ここで 日本国を覗いてみる…
　　日本人が消え 滅亡寸前である
　　●それは何故…？

★　人類の未来は 太陽の国 日本国が担うがその日本は 米国文明に毒され 貴い使命を**見失う**…。日本社会は政治を始め…全てが与えられた 欧米文化を抵抗無く受け入れ 日本固有の文化に **違和感**を感じている。

★　この新文明も日本国発祥では 国民が受け入れない。日本で生まれて 欧米で育てられ日本に再び戻り 日本で 成熟し 世界を照す事に成る。敗戦後 民主教育で 日本国から日本人が**消えた**事を **先人**は嘆いている。

★　言葉一つにしても 自然界から 授かった素晴らしい『**人類最高**』の言語があるにも有識者らが**英語**を率先して使う。ここまで狂った日本人の**再生**を急ぐ。　　　　　　　　　　　　　**妙界の虎**

● 『新世紀 はじめに』 その六

◎ 人類は神仏を宗教と認識した
　　ところに全ての間違いがある
　　　●その末路は…？

★ 人間の死後に…天国や地獄 成仏も無い。人間の死とは…綺麗に 枯れる事…『時』が来れば 前世で己が行った『因果』を宿して生まれる。因って…生まれ乍にして 容姿が違う。死とは 新しい人生の芽生えである。

★ 己の前世を知るには『己』の現世を見よ。己の来世を知るには『己』の現世を見よ。人間は 生まれ乍の 不平等に…『生命』の永遠が 証明されている。今『己』に於いて大事な事…人類存続に貢献しているか…？

★ 人間は前世の『因果』を宿し 生まれる。人間に与えられた…自殺…その命は二度と人間には宿らぬ…命 その種は永遠である。人間を殺せば 来世は己が殺される。　　　　　　　妙界の虎

● 『新世紀 はじめに』 その七

◎ 米国に与えられた憲法と
民主教育の間違いを正す
●それは何故…？

★ 世界で最も歴史ある 皇室を持つ日本国が育んだ伝統と人の道は 米国から与えられた**憲法**と民主**教育**に因り 崩壊の危機にある。このまま 日本国の文明 文化が 消滅すれば全人類の未来も無くなり 滅亡する。

★ 人の道…人間形成の『根幹』に成る教え哲学『**倫理 秩序 道徳**』この紊乱にある。人間教育の基礎が皆無…現代日本の親達はゲームやアニメを子供に与える。例え名門大学を卒業しても 所詮欠陥人間に成る。

★ 食育では母乳で育てず 四つ足畜生である**牛**の**乳**を抵抗なく人間の子供に飲ませる。これは…栄養成分…それ以前の 問題であり大人に成れば**親**でも平気で**殺**す。　　　　　　　**妙界の虎**

● 『新世紀 はじめに』 その八

◎　自由民主教育の間違いを

　　正さなくては日本の未来は無い

　　　●それは何故…？

★　自由とは 規制の中に存在する。右が有るから 左が有る。個人の自由は 左の無い右と同じ…この意味が 現代人には分かるまい。規制の無い 個人の自由は『**放任**』である。この 認識の誤りを 新世紀は 正して行く。

★　民主主義は…正しいが…日本国の 民主は異常である。選挙で **民主**が選んだ議員が議会で決議した事も **民主**が平気で反対する 日本国の勝手主義な **民主**は…**最悪**である。日本『存続』の為に **民主**の間違いを正す。

★　敗戦後 七十八年…自由民主教育の誤りが現代日本の世相に現れている。履き違えた個人の自由 …**義務**を果たさずに **権利**だけを主張する 日本人に未来は無い。　　　　　　　**妙界の虎**

● 『新世紀 はじめに』 その九

◎ 自然界は人類の滅亡に既に動き…

　　先進国から自滅する…

　　　●その証拠は…？

★ 現代社会の必需品 スマホ GPS そして暗号資産 ビットコインは 何処の国の誰が発明したのか… 謎…。発明者が 居ますか…？ 発明者は不明確 …。人類滅亡に 自然界が…動いている。そして 人類は 自滅する…。

★ 今や人間社会の心臓は コンピューター。サイバー攻撃の 恐怖…全世界のデーターは『瞬時』に消える。スマホは使えず 預金も『0』…消滅…その日は 明日かも…人類に為す術は無い。さぁ〜どうする…。

★ お金も 情報も無く 誰とも連絡は取れず テレビもラジオも無い。電気にガス 水道もコンピューター制御で 機能しない。これが人間社会の末路である。 　　　　　　　　　　　　　　妙界の虎

● 『新世紀 はじめに』 その十

◎ 滅亡に『猛進』している
人類を救う『新文明』の発祥
●その文明とは…？

★ 人類が 競い合い殺し合う 文明では無く共存 共生し 存続する **第二**の文明である。自然界の法則と同じ…冬は必ず 春が来る。毎年『**同じ時期**』に『**同じ事**』が安心して人類が 繰り返せる 営みの姿である。

★ この文明は 人類滅亡…その時が迫るまで誰も顕す事が 出来なかった**新文明**である。そして…今までの文明と違い 誤りと謝罪は許されない。何故ならば 自然界の法則には間違いが 無いからである。

★ 妙界の虎が ここに顕す新文明は…神仏が死後の世界に 逃げている 教えとは異なり人間が この世で綺麗に枯れていく自然界の法則に 冥合した『**徳**』である。

妙界の虎

● 『徳と 新文明』 その一

◎ 朝日新聞 声の欄に 『純真』な
　 中学生と 大学教員の投稿に…。
　 ☆人の道が有る…？

☆ 二千二十二年 五月五日…純真な中学生の**堀田
　 絵菜**さん投稿（**宇宙**より **地球上**の**問題解決**が
　 先）…。同月二十二日投稿 大学教員**松村牧夫**氏
　 曰く（**宇宙開発**は **人類**に**必要な投資**）であると
　 諌め 文中で更に語る。

☆ 詳細は本誌を購読せよ。妙界の**虎**は この絵菜
　 さんを 育てられた **偉大**な 御両親様に感激…。現
　 代民主教育で 目的を履き違えた現代人では考え
　 られ無い 素敵な**御両親**様に虎は 『**徳**』 を送らせ
　 て戴きたい。

☆ この問題を 提起して戴いた朝日新聞様と松村
　 牧夫様に 感謝します。**堀田絵菜**さんに新世紀 発
　 祥の母体に成る 『**文殊の会**』 より**人類存続名誉賞**
　 を是非送りたい。　　　　　　　　　　**妙界の虎**

● 『徳と 新文明』 その二

◎ 徳とは…現代文明に照らせば…

　　　正に『お化け』文明である。

　　　　☆それは何故…？

☆ 　人類が三千年間も信じた神仏を 根底から覆す。これは正に『お化け』であるが この新世紀の文明こそ 自然界の法則に冥合した本有（ほんぬ）の文明である。この『お化け』文明の発祥無くて 人類の存続は 絶対に無い。

☆ 　現代の神仏を崇拝する 礼拝文明の現状は如何なものか…？　尊い自然界を破壊し必ず死ぬ人間が 殺し合い競い合う…この文明の末路で 人類が人類を滅亡させる。自然界も協力して…ウイルス等を届ける。

☆ 　人類存続か…否かは 人類が決める。だが芯迄腐敗する 人間社会で育った有識者様や指導者様には 最早為す術は 残念乍 無い。さぁ〜庶民で開花…新文明…。　　　　　　　　　妙界の虎

● 『徳と 新文明』 その三

◎　既存の文明は 人類を滅亡さす…が

　　徳の文明は 人類を存続させる。

　　☆それは何故…？

☆　**現代文明**は全てに於いて **自然界**の**法則**に**相反**
している。違いますか…？　有識者様…異論は
有りますか…？　現代の文明で 戦う人類は 滅亡
に向って居る。**戦**うスポーツが**表**を飾る現代社会
に 人類の未来は無い。

☆　**現代文明**の決定的**間違**いは 全てに於いて戦う
事しか **脳**が**無**い。この文明を覆すのが**新世紀**で
ある。新世紀は 人類の『**存続**』を価値観にした
文明で 有識者には出来ない。一般**庶民**と **自然界**
の**妙学**で 築いて行く。

☆　新世紀は自然界の生業で この**意識改革**に賛同
する**貴方**は **自然界**に**守**られる。これは自然界の
摂理である。新文明が 発祥すれば人類は **次世代**
に向かい**存続**する。　　　　　　　　　**妙界の虎**

● 『徳と 新文明』 その四

◎　妙界の虎と言う 下手物は

　　　一体何者か…当人も分からん。

　　　☆妙界の使者か…？

☆　虎も人間…娘四人に孫九人 家族合わせて十九人 妻と『徳』に守られ至って健康…。皆仲が良く 家族で団体旅行 虎だけが 少々外れ者…？　四十二歳で 小脳動脈瘤が 破裂 四十三歳 誕生日の深夜…新しい命が宿る。

☆　蘇生後の人生は 全て社会の為に生きた…法務関係や 文化に貢献 社会に奉仕を 掲げ日本芸能振興会を発足…。公演会も 国内で二十九回 海外でも…五回開催する。収益は全て福祉に寄付 各方面から感謝状も頂く。

☆　当時は『近くて遠い国』と呼ばれていた韓国公演を計画するも 文化の侵略に成る為逮捕は覚悟…。四十五名の芸能団を 引率し無事成功 日韓友好の礎を築く。　　　　　　　　　　妙界の虎

● 『徳と 新文明』 その五

◎ 徳の教え哲学の『妙学』は…？

　　　日本国の歴史が証明している。

　　　　☆それは何故…？

☆ 奈良〜室町時代の約八百年は 平穏でありこの
　時代の元号に於いては天徳〜正徳 実に十三代も
　徳が使われた。天皇も孝徳〜順徳この時代は 穏
　やかであった。徳川時代も約二百七十年間平穏で
　多様な文化が花咲く。

☆ 明治 大正 昭和初期は徳の効力が弱まり戦争の
　渦中に 入る。だが敗戦後の日本国は聖徳太子の
　一万円札が発行されて 未曾有の発展を遂げる。
　この『徳』に因る 日本国の変貌を 科学で説明が
　出来ますか…？

☆ 徳の教え哲学こそ 正に『自然界』の法則妙学
　である。遥か古代の哲人 ソクラテスが命に代え
　人類の存続に残した『徳』を掲げ人類に春を届け
　る 新世紀…？　　　　　　　　　　妙界の虎

● 『徳と 新文明』 その六

◎ 新文明とは 人類史上
　　第二の 『文明』である。
　　　☆それは何故…？

☆　現代文明は 神や仏の教えを宗教と誤って認識
　　した事に 不幸が有る。この自然界には神も仏も
　　居ません。宗教とは…唯一無二の絶対に 変わら
　　ない 自然界の法則を 宗教と言う。『宗教』に
　　色々な宗教は無い。

☆　新文明とは 太陽は 東から西に 自然界の法則を
　　『徳』の一字で 顕す。人類の目的は自然界と冥合
　　し『存続』する事が 人類史上初の 第二の文明で
　　ある。唯物 唯心 観念も無い 人類は『存続』に価
　　値がある。

☆　人類の存続に『相反』する行為は 全てが悪で
　　あり『貢献』する行為は 全て善である 新文明に
　　法律は不要…。人間が人間を裁く事は出来ない。
　　自然界が裁く。　　　　　　　　　　妙界の虎

● 『徳と 新文明』 その七

◎ 自然界は…摩訶不思議な
『妙学』を虎に諭した。
☆それは何故…

☆ 現代文明は『科学万能』この社会で 虎が自然界の摂理『妙学』を顕しても 現代人は只唖然として 嘲笑う。必ず**死**ぬ人間同士が**殺**し合い 自然界を**破壊**するが…果たして是は正しいのか 人類に問う。話題を変える…。

☆ 虎は己の**危機**に 肉眼で『徳』を一度だけ見ている。時に二つの目が 別々の物を見て肉体に無い もう一つの目で…**異次元**世界を今迄に四回見た。現代人に言っても 理解は所詮**無理**な事…**虎**だけの**世界**である。

☆ 人間が 電子顕微鏡を 覗いても 見えない**無**の世界が…虎には 鮮明に見えた。科学に溺れる 人間達自然界は『人類存続』の為 虎に『妙学』を論した…?　　　　**妙界の虎**

● 『徳と 新文明』 その八

◎ 日本人は 尊き自然界を冒涜…
　その報いで 多大な犠牲を払う。
　☆それは何故…？

☆　日本人は自然界に存在しない 交雑人種と自然界の報いを被る。第二次世界大戦にて国土が荒廃し…真なる日本人は 自然界から煙滅した…？　東京大空襲で一夜に十万人が焼死 虎の故郷徳島も空襲で焦土と化す。

☆　この戦争で米国は 広島 長崎に 原爆投下 破壊威力と被爆調査には来たが 援助は無く人々は『ピカドン』と言って 病に苦しむ。原子爆弾と知ったのは 何年も後…。そして天皇陛下の巡幸と闇市で 復興する。

☆　原爆を 人間虐殺に 初めて使った 米国が世界の表舞台で 活躍しているが…是に因り新文明が開花する…？　で…あるならば 米国の原爆投下は善業に成るかも…？　　　　　　　妙界の虎

● 『徳と 新文明』 その九

◎ 新文明で人類に春を 貴方と私
　　『庶民』で築く 新世紀…。
　　　☆貴方が築く…？

☆　貴方の命に『徳』が宿れば 自然界は動く是が
　次世代の哲学『妙学』である。人類は三千年も自
　然界を 侮って来た。現代社会の諍いの原因は全
　て 此に有る。虎の全人生は この日の為に 生かさ
　れて来たのかも…？

☆　現代人は 己 個人 私利私欲 権力 名誉に溺れて
　居る…恥を知れ。勝ち負けでは 無い 人類は 自然
　界と共存 人間は共生し 生命は存続する事であ
　る。己の来世は明日かもね 虎は亡き両親が今 何
　をして居るか分かる。

☆　新時代を築くのは…政治家や 有識者では無理
　…。人類存続を心から願う純真な 兵（つわもの）よ 『徳』
　の旗の下に集え 現代文明を根底から覆し 庶民で
　築こう新世紀…。　　　　　　　　　　妙界の虎

● 『徳と 新文明』 その十

◎　さぁ～新文明で 新世紀を
　　人類存続の為に庶民で築こう。
　　　☆新世紀とは…？

☆　人類が 競い殺し合う 現代文明を 破折…人類は **共存 共生 存続**が…新世紀である。範疇にする哲学は 正価値に…『**動 功 徳**』反価値に『**死 罪 罰**』皆で**働**き 皆で**楽**しみ皆で**栄**える。これが 新世紀の哲学である。

☆　政治に野党は要らない。新世紀は 人類の『**存 続**』を 絶対的価値観にする。要に成る**主義**は**人 類存続主義 政党**は『**人類存続党**』人類が 宿す哲学を…『**二百七十一**』文字の四字 **徳生**熟語に 虎は認める。

☆　この『**徳生文明**』が 手違いで世に出れば宗教や 南北 東西に分かれ殺し合う 愚かな人間社会は滅ぶ。さぁ～『**庶民**』で築こう**人類**に**春**を届ける **新世紀**…？　　　　　　　　　　　　妙界の虎

● 『庶民で築く 新世紀』 その一

◎ ここで『妙界の虎』己を紹介する

　　正に 自然界の『使者』かもね…？

　　●それは何故…？

★ 実に日本国民が 七万五千基の提灯行列で**紀元節**を祝った年 平家が壇ノ浦で破れ刀を捨てた地名 讃岐山脈中腹 太刀野山 真言宗行者の家に 長男として誕生。厳格な**祖父**に育てられる。当時電気は無くランプ生活。

★ 名前は **妙界**より授かる。小学校一年生で社会に疑問を持ち 三年生で人間生きる事は働く事と**悟**る。四年生から働き続け 感じた事は各々が 好きな仕事を選んだら…人間社会は成り立たない。**自然界の道理**にも 反する。

★ 幼児教育は祖父から 人間教育は侠客道に生きる 土建業の親方に 年期奉公 年期を明ける。虎の人生は**無学**が幸いし 人間社会が何故か…**素直**に見える。　　　　　　　　　　　　　　　**妙界の虎**

● 『庶民で築く 新世紀』 その二

◎ ここで『虎』の履歴を紹介する

　　虎の人生は全て自然界の加護である。

　　●それは何故…？

★ 明治不動産を経て 世界最大 教育出版社グロリア inc 勤務。ハラダ電器出版設立 日本ビクター AVセンターや 新法式 有線TVシステム開発…小形船舶教習所設立…『日本芸能振興会』の設立に至る。そして虎は無謀な計画を発表する。

★ 千九百八十七年 当時 近くて 遠い国と言われていた『韓国』に文化に貢献社会に奉仕を翳し 文化の侵略で逮捕は覚悟。第一回韓国公演を成功 民間人ながら 日本国の戦後政策の誤りも謝罪し 国際敬老倶楽部 初代総本部長に就任する。

★ 虎は常識を超越した 自然界の加護の下に前人未踏 様々な事を為して来た。この度の一代文明改革も 又然り…必ずや実現すると虎は信じて止まない。

　　　　　　　　　　　　　　　　妙界の虎

● 『庶民で築く 新世紀』 その三

◎ 四十三歳で 真可不思議な体験…
生命が『同じ体』に入れ替わる。
●それは何故…？

★ 小脳に二つ出来た動脈瘤の一つが深夜に裂ける
が **分身** の指示で その夜は救急車を呼ばず 激痛に
耐え 日を改め 病院に行く。病院の 死を待つ**特別
室**で 誕生日の深夜に起こった 医学で解明出来な
い**奇跡**を顕す。

★ 死を前に 四十二年間…犯した数々の罪を霊峰
富士に 懺悔する。再び人間に生まれる事が有れ
ば…社会に**貢献**すると…**自然界**に誓う。その瞬間
新しい生命が 同じ肉体に入れ替わる…実に**奇妙**
な体験をする。

★ **自然界**が動いた…今迄の自分とは 何かが違う
…現代医学で 治療できない深部の瘤は消えた。
裂けた瘤は…後の京大 **菊池**教授の執刀 成功で 己
の**使命**を悟る。　　　　　　　　　**妙界の虎**

● 『庶民で築く 新世紀』 その四

◎ 先ず 虎の使命 新世紀の
　　最終目的を…ここに認める
　　●それは何故…？

★ 人類の目的は 競い合い戦う事では無い。**自然界**と**共存**し **人間**は**共生**して『**存続**』を人類の『**絶対的 価値観**』にする事である。人類の存続に相反するか…否かの価値観で人間社会を裁く『**妙学**』を認める。

★ 『**妙学**』とは何か…自然界の 道理 法則に冥合する 絶対に 間違いの無い教え 太陽は**東**から昇り**西**に沈む。この自然界の法則を顕した学問が『**妙学**』であり これを文言に認めた…唯一の教えが…『**徳**』である。

★ 『**徳**』とは何か…敢えて 一言に認めれば『**命**』の肥やし…唯一が『**徳**』である。この真可不思議な自然界の「完全無欠」な法則が『**徳**』である。是を倫す事が虎の使命である。　　**妙界の虎**

● 『庶民で築く 新世紀』 その五

◎ 何故…庶民で築くのか…新世紀…？

人類の目的を誤った現代人
●それは何故…？

★ 現代文明は**必ず死ぬ** 人間が殺し合い競い合う …この間違いを 奨励する現代文明は…全てが **競争社会**である。違いますか…？ これが現代教育の 末路であり その教育で科学は 万能と信じている…この大間違い。

★ 万能なら **コロナ**ウイルスで騒ぐでない。コロナは…自然界の使者…マスクや手洗いワクチン…科学では勝てない。科学万能を信じる現代人には 一切 為す術は有りません。コロナは…人類滅亡へ **自然界**の使いです。

★ 現代社会で 浮遊している 有識者達は…現代文明に**洗脳**された。新世紀は**価値観**が根底から異なり…次元が違います。因って**新世紀**の教えは理解出来ません。

　　　　　　　　　　　　　　　　　　妙界の虎

● 『庶民で築く 新世紀』 その六

◎ 妙界の虎は今…自然界の妙力で

　　新世紀『開闢』に邁進している

　　　●自然界の妙力とは…

★ 虎は朝七時から 空港施設で 夕方五時迄休憩も
無く…警備士の任務に 就いている。深夜と早朝
は この新世紀の執筆に 頑張り日曜日は 新文明
発祥の館を一人で廃材を集め 八十三歳の身体に
鞭を打ち 造っている。

★ 廃材と言っても 入口の欄間は地球の宝…縄文
の杉である。室内には縄文の壺を飾りその中には
縄文の杉…僅かな切れ端ですが縄文の壺で 優し
く暖めている…。四千年…時の流れ 歴史の年輪
を己の目で見られる。

★ 虎は 生きる為に働き…人類の存続の為に新世
紀執筆 新文明発祥 館建設 是らの同時進行は 常
識では不可能…。自然界の加護…妙力と 時間の
使い方にある。　　　　　　　　　　妙界の虎

● 『庶民で築く 新世紀』 その七

◎ 自然界には 法則がある…

　　　この法則に逆らえば何かが…

　　　　●その末路は…？

★　自然界に背反した男女平等 この間違いで人類は滅ぶ…男女は同権だが 平等では無い **男**に子供は **産**めない。現代社会では人類の余興である文化が表… 本来は『**衣食住**』の実需職が 表を飾る。文化職は…裏である。

★　自然界の道理 法則に相反し…文化が表…コロナ感染が蔓延する…この非常時に 五輪開催…。メダル獲得者 自己中心の発言には大事な一言が無い。ここに 現代人の歪みが見える。この意味現代人には分かるまい。

★　五輪は…本来の目的から背反した メダル争奪戦…。裏では『IOC』と 関連企業は利益優先…開催中のコロナ感染拡大と 異常豪雨 この**災害**は自然界の摂理である。　　　　　　　　**妙界の虎**

● 『庶民で築く 新世紀』 その八

◎ 過去…表と裏を弁えた時代…

　敗戦後の日本国は大きく復興した

　　●それは何故…？

★ 焦土と化した 日本国は…未曾有の復興が何故
出来たか…法律より **人の道**を優先した闇市が
堂々と開かれ…法律を正直に守った判事は餓死…
この事実…。国法では 国民の命を救えない事が
…皮肉にも 実証された。

★ 当時 日本は実需職の庶民が表で光を浴び文化
は裏で **国民**を支えた。現代スポーツに該当する
曲芸は「サーカス」と言う公演で各地を回る。競
い合う スポーツとは違い…僅かな木戸銭で 楽し
む事が出来た。

★ 当時の歓楽街は ニッカポッカの 職人で**夜毎**
潤っていた。この時…日本国は大きな復興を遂げ
る。これが…共生する人間社会本来の姿である。
現代人には分かるまい。　　　　　　**妙界の虎**

● 『庶民で築く 新世紀』　その九

◎　目的を誤った 現代人の末路は…？

　　滅亡である…それは明日かも…

　　●それは何故…？

★　本来 買い物は 近所の商店で 済ますのが当たり前であり そこに**共生**する**人間社会**の繋がりが有った。現代は車で 郊外の大規模商業施設まで行く。この間違った 営みが…悲劇を起こす。停電で 精算も出来ない。

★　今迄の停電とは…違う。スマホは 使えず家に帰りたくても…コンピューター制御の車は動かない。行政に為す術は無く 人々は茫然と立ち竦む。頭上には カラスが飛んで…**亜呆**〜と鳴いて**自然界**が人間を**嘲笑**う。

★　現代文明の 崩壊である。この人類滅亡の危機を救えるのは **自然界の法則**に冥合した**第二の文明**の 発祥以外に無い。現代学問の有識者には…打つ手無し。

　　　　　　　　　　　　　　　　　　　妙界の虎

● 『庶民で築く 新世紀』 その十

◎ 人類史 三千年 神仏を崇拝する
　　文明の末路で 人類は滅亡する…
　　　●それは何故…？

★　虎は…この自然界の摂理を 世界の人類に訴え
　たく…新世紀を顕し 人類の存続を願い第二の文
　明を認める。これが 虎に妙界より課された 使命
　であり『徳』の哲学が…世に出なければ 人類は
　滅亡する。

★　この教えに 手違いは有っても 間違いは無い。
　それは…この教え 哲学は 自然界の摂理である。
　たとえ…どんな迫害を受けても自然界の妙力で
　人から人への血脈を以て 諭して行く。これは人
　類の存続に最も大事な事である。

★　この哲学は 自然界（妙界）の教えであり東の
　国 日本から太陽の如く西に流布する。礼拝文明
　の末路で 喘ぎ 悩み苦しむ 人類を救う為に 新世
　紀の心髄に誘う。　　　　　　　　　　妙界の虎

● 『新世紀で 人類に春を』　その一

◎　喘ぎ苦しむ世界の人類に
　　　新世紀の哲学で春を届ける
　　　　●それは何故…？

☆　自然界の法則に相反し…必ず死ぬ人間が殺し合う…この間違い…。**共生**する人間が競い合い戦う…。自然界と**共存**する人類が都合…身勝手に…自然界を**破壊**して行く…この誤りを**新世紀**は根底から正して行く。

☆　現代文明は 競い合い 戦い競争する事で人類は進歩すると言うが…**進歩**には 必ず限界が有る事を知らない**現代社会**。人類は人類の欲望で自滅する事を 人類に諭すのが**新世紀**の教え 人間哲学であると虎は説いて行く。

☆　この競い合い殺し合う 現代文明の誤りを根底から 正して行く事が『新世紀』の教え哲学である。新世紀では…人類が 自然界と**共存**する事で**人類に春が来る。**　　　　　　　**妙界の虎**

● 『新世紀で 人類に春を』　その二

◎　スポーツで戦う世界の人類を
　　新世紀は自然界の法則で正す
　　　●それは何故…？

☆　現代社会…全ての生業は…競い合う競争である。五輪でも人種や体型が違う人間に競争させる事は 正しいのか…？　障害者を晒者にして 戦い競争させ…見せ物にする事は正しいのか…？　現代人に問い掛ける。

☆　ゲームで育った現代人…それに抵抗を感じない人間に 成り下がった。世の経済行為から治政産業 教育まで…全てが 競い合う スポーツである。現代人は この行為を正面から受け入れる…。この間違いを正す。

☆　競い合う五輪で 念願のメダルを獲得した人よりも 競技場や何処までも続く…道路を造った**労働者**達の人生に 春を届けたい…。これが新世紀『人の道』である。　　　　　　　　　**妙界の虎**

● 『新世紀で 人類に春を』 その三

◎ 現代の礼拝文明で滅亡に向う

　　人類に『徳生文明』で春を届ける

　　●これは難解である

☆ 先ず敗戦後の民主教育に因り 忘れられた**幼児教育**から始めるので 少なくとも五十年先に成る。だが 誰かが『人類の存続』の為民主教育で狂った**日本人**を 再生しなければ人類の滅亡は 火を見るより明らかである。

☆ 幼児教育が欠如の**親**から 生まれた子供が社会の**中枢**に成った日本国に 未来は無い。虎が こんな事を言っても…現代人には理解出来ない…。米国に 与えられた民主教育の間違いと…**日本女性**に原因がある。

☆ 親は子供を人間として 育て…子供は親の介護をする。使命を忘れた女性 子供は己の所有物ではない…『秩序』ある 人間として育てる使命 そして義務がある。　　　　　　　　　**妙界の虎**

● 『新世紀で人類に春を』　その四

◎　日本人が ここまで狂った原因は…
　　日本国の 憲法と民主教育にある
　　●それは何故…？

☆　敗戦後の民主教育に因り 僅か十年程で…女性から 日本国民は狂って来た…この意味現代人には 分かるまい。独立と同時に時を見て 憲法と教育を改めていれば…日本国は真の独立が出来たが…時を逃した。

☆　戦後七十八年 未だ日本国は米国の統治下にあり 日本国から日本人は消え…住宅から文化まで全てが米国…『日本州』である。生活様式から言葉も…**必要以上に** 英語を抵抗無く使う 日本人…日本文化を捨てた。

☆　これは 民主主義と言う魔法に洗脳された日本国…政治家も 有識者も気が付かない。新世紀で根底から改革して行けば日本国に素晴らしい春が来る。

妙界の虎

● 『新世紀で 人類に春を』 その五

◎ 人類に春は まず…日本国から
　　自然界に冥合した人間教育の徹底
　　●それは何故…？

☆ この新世紀の哲学を 現代人に投じれば人類の
存続は…期待 出来るかも…それは何故か…？『新
世紀』の哲学は 自然界の道理 法則に 冥合してい
る。人類の存続は自然界と共存した『**人間教育**』
である。

☆ 民主教育の誤りは『**倫・秩・道**』の紊乱にあ
る。民主教育は人間の要…幼児教育が皆無であ
る。欠陥人間が…大学を卒業して更に狂った現代
社会に国体は無い…コロナ禍で 人類滅亡の危機
に…五輪を開催した。

☆ 新世紀は 人間形成 教育の一代改革を…これ以
外に人類の存続は無い。この教えが世に出る…そ
れだけで…コロナは 治まる。これが**妙学**である。
妙学は科学を超越する。　　　　　**妙界の虎**

● 『新世紀で 人類に春を』 その六

◎ 人類に春は 自然界に冥合した
価値観…妙学の 研鑽にある
●それは何故…？

☆ 現代文明は 神仏の教え『宗教』の誤りで人間
社会が根底から壊れ…人類は自然界に相反し…身
勝手に自然界を破壊 進歩した。新世紀は **自然界**
と**人類**が**一体**に成り 共存する事を 絶対的価値観
にする。

☆ 人間を生きる為に 自然界の法則を絶対的価値
観にした哲学を範疇にする。その哲学とは…？
正価値に『**動・功・徳**』反価値は『**死・罪・罰**』
この価値観を根底に 人類は『**共存・共生・存
続**』する。

☆ 現代社会の間違いは…教育から 政治まで競い
合う 競争社会…人と人が…潰し合う。万民が こ
の**新世紀の哲学**を宿せば自然界の妙力で**人類に春**
が来る。 　　　　　　　　**妙界の虎**

● 『新世紀で 人類に春を』 その七

◎ 新世紀の発祥は…佐倉市の
吉見 新山 …徳の里
●それは何故…？

☆ 妙界の虎は 小脳動脈瘤の破裂で 死線をさ迷い …四十三歳の誕生日を迎えた深夜…ある瞬間に… **命が入れ替わった。**その後…己の新しい命で 初めて見た物は…秋なのに『**二本**』の竹の子である …この不思議…。

☆ そして 三十年後に『**徳**』の哲学を顕してから 後に『**竹の子**』の意味を理解 己に諭す事が出来た。自然界は…虎に生命の永遠を竹の子に託し 諭した。竹は土の中に伸びる根から 時が来れば 新芽を出す。

☆ 虎は **生命の永遠**を竹の根に例えて諭す。竹は 一本だけでは…育たない…。人間も『**共生**』する 事で **春が来る**…この教えを新世紀は 人類に諭して行く。　　　　　　　　　　　**妙界の虎**

● 『新世紀で 人類に春を』 その八

◎ 久遠の聖地　緑の館　徳の里とは…？
　　三千年前の清らかな世界に触れる
　　　●それは何故…？

☆　徳の里は…妙界の虎が廃材を集め一人で藪の中に手造り。それは何故か…現代人は出口の無い苦しみの中で…喘いでいる…。それが虎には 分かる。拠り処 癒しの館が人類に春を届ける『徳の館』である。

☆　徳の館を訪ねれば…その人は…自然界の法則に相反した現代文明の始まる 前の己に返り 清き人生の扉に手が届く。現代社会は人間が 共生する社会では無い…。この事を諭すのが 虎に与えられた 使命である。

☆　館の入口の欄間には現代文明 起源以前に根付いた縄文の杉が… 室内の縄文の壺には木片…己の目で年輪を確かめ 手を触れると四千年の『妙力』が 己に宿る。　　　　　　　　妙界の虎

● 『新世紀で 人類に春を』 その九

◎ 人類は神仏を敬う礼拝文明で
　今世紀 滅亡する…人類に春を…
　　●それは何故…？

☆ 人類が 自然界の法則に背反した三千年の間違った歴史を覆す。で…無ければ 人類は今世紀末迄に滅亡する。コロナも その一端である。人類の存続は 人類が汚れていない三千年前の衆生に **生命**を浄化する。

☆ 現代文明は 平和や幸せを目的にするが…そんな**低次元**では無く 人類の存続を目的にしなければ…人間が何時までも 競い合い…殺し合う。この人間社会を正さねば 人類が**永遠**に…もがき苦しみ**滅亡する**。

☆ 人類が 自然界に冥合した**徳の文明**に帰依しなければ…自然界の法則に 背反する…。因って…人類に **春は来ない**…。徳の哲学を人類に論す事が虎の使命である。　　　　　　**妙界の虎**

● 『新世紀で 人類に春を』 その十

◎ 人類に春は 東の国 日本から…
　　これは 自然界の摂理である
　　　●それは何故…？

☆ 日本国には 世界で最高の歴史ある**皇室**と人の道を養う文化がある。それは…日本語であるが…現代社会は 民主教育で日本から日本語が『消滅寸前』である。地球上から日本人が消滅すれば人類の存続は無い。

☆ 人類の存続は…自然界の法則に冥合した『**人存文明**』の発祥が要になる…。政治に野党は不要…。そして**人類の存続**を絶対的『**核**』にした政党が政治を司る。憲法から教育まで 人間社会の全てを改める。

☆ 世界の人類が **新世紀**の哲学を心に宿せば**現代用語**に表すと 戦争の無い**平和**に成る。**仏教用語**にて表せば…吹く風 枝を鳴らさず 雨 土塊を砕かず **義農の世**と成る。　　　　　　　　**妙界の虎**

● 『人間を生きる』　その一

◎　人間を生きる事は…

　　　『共同体』の中で育まれる

　　　　●それは何故…？

☆　人間を生きる事は…共同体の中で 生きる事である。**家族**と言う **小さな共同体**の中で幼児期に人間としての躾を身に付ける事が重要である。だが…**親**が子供の**躾を放棄**し子供を愛玩用に育て人間社会が壊れた。

☆　**躾**も **幼児教育**もせず 教育は全て 学校に投げる。その子供が学校を卒業して 大人に成り **社会の中枢**を操る「**現代社会**」に 結果が現れている。己の子供の不始末を 学校の所為にするが 親の躾に全ての要因がある。

☆　人間は…共同体の中で 生まれて生きる。家族と言う 共同体の中で『**躾**』を身に付け**人間社会**と言う **大きな共同体**に育まれる。これを新世紀では論して行く。

　　　　　　　　　　　　　　　　妙界の虎

● 『人間を生きる』　その二

◎　人間は『何故』生まれるの…？
　　死ぬ人がいる　だから生まれる
　　　●どうして…？

☆　生命とは『永遠』で　人間の体は死んでも**命**と**心**は前世の『**因**』を引継いで　次の体に宿り成長し　そして再び老いていく…。この繰り返しが　**人間を生きる**事である。だから何時の世にも『**君**』がいて『**僕**』がいる。

☆　子供は親の体を借りて　生まれても　命は別で　子供は親の　**所有物**ではない。子供を育てる**約束**の下に　男女は**結**ばれるが　その約束とは…？　生まれて来た　子供の生命は前世の『**親**』かも知れない。虎には分かる。

☆　生命の不思議…現代人は　**お金が無いので子供は造れない**と言うが…それは　根本的に違う。子供は『**自然界**』から授かる　**生命**…副運を宿し　生まれてくる。

　　　　　　　　　　　　　　　　　妙界の虎

● 『人間を生きる』　その三

◎　人間に生まれた女の体は…

　　全ての女性に『使命』がある

　　　　●それは何…？

☆　女性の体は　人間を造り育てる為に有る。女性は　母親に成る使命がある。不幸にして母親に成れない女性には　別の使命がある。それは　女を生きる事であるが…現代社会に女性はいても　虎の目に『女』は映らない。

☆　虎は　女を育てたい。人間社会は全て女で成り立っている。その女を育てるのは　男であるが…民主教育が男を連れ去り　真の男は滅亡した。男を育てるのも『新世紀』の哲学　虎の使命である。虎は己の使命に生きる。

☆　虎は現代社会に　敢えて相反して物申す。議会政治に　女性が『参加』するのでは無く女の体で支える。これが　日本の料亭政治…お披露目が議会である。　　　　　　　　　　　　　妙界の虎

● 『人間を生きる』　その四

◎　人間を生きる事は…
『働く事』である
●それは何故…？

☆　生きる事は『**働く事**』である。自然界の野生生物は 死ぬまで働く。人間は 老後の年金暮らしを『楽しみ』にするが 働く事を辞めた人間は 生きる事を諦めた事に成る。因って認知症に成り 己の子に捨てられる。

☆　**年金制度**は **人間を堕落**させるが…やがてこの制度は崩壊する。人間は一生涯 働いて己の**死を悟り** そして**綺麗に枯れていく**のが本来の姿である。この意味が 分かるまい。働く事は 自然界の摂理である。

☆　人間は**働いて功績**を残し 自然界より**徳**を授かる。虎が顕す『徳』の哲学 範疇にする正価値には『**動・功・徳**』そして 反価値は『**死・罪・罰**』を人類に諭す。　　　　　　　妙界の虎

● 『人間を生きる』　その五

◎　人間には するべき仕事がある
好きな『職業』とは限らない
●それは何故…？

☆　現代社会では 己の**好きな仕事を選ぶ**が…人間全員が 好きな仕事を選んだら…**社会は成り立たない**。では 何をするべきか…？　先ず 人間生活に**不可欠**な『**衣食住**』の職業そして 己の**目の前**に有る『**仕事**』をせよ。

☆　百姓の子供は 農業を継ぐ。畳屋の子供は畳職人に…**親の生業**が何であれ **伝統技術を後の世に残す**事が 人間社会の節理である。現代社会では**人間活動の余興**が幅を効かせ社会も**絶賛**する。この**原因**は**媒体**にある。

☆　人間が 闘い競う スポーツや **芸能**文化が表に**出過ぎ**れば 人間社会は完全に壊れる。**人類**が『**存続**』する為に 誤った認識を改正するのが新世紀である。　　　　　　　　　　　　　**妙界の虎**

● 『人間を生きる』　その六

◎　人間は愛して結婚する

　　この『間違い』を正す

　　　●それは何故…？

☆　愛とは　小説の中だけの『妄想』である。**野生生物**は　愛や恋で結ばれたり　子育てをしているのではない。**自然界の法則**の下に**子孫を残す**。人間だけが『愛や恋』と言う約束を以て結婚し　子供を造る。

☆　虎は　愛して結婚し…記憶に有るだけでも三回を数える。**愛の裏には　憎しみ**がある。憎しみが芽生えるから別れる　憎しみの無い愛はない。虎は　愛と言う　葛藤で悟った…そして憎しみの無い別れをしてきた。

☆　愛の結論は　人類を存続する為　**自然界が人間だけに送った『呼び水…迎え水』**愛は**欲望**である。充分に『為（ナサ）って』子供が生まれて目的を**終えたら**『愛』は消える。

　　　　　　　　　　　　　　　　妙界の虎

● 『人間を生きる』　その七

◎　人間で最も大事な事は
　　『愛情と慈悲』である
　　●それは何故…？

☆　**見合い結婚**した　夫婦の間には『**愛情**』が芽生える。現代の親達の様に　子供を溺愛で愛玩用には育てず　**親の情け**深い『**慈悲**』で子育てをする。夫婦も親子も　年月に沿って段々と深く結ばれ　**人間を生きる**。

☆　現代の夫婦は　親の勝手で離婚するが…絶対に許されない。親は他人の**男女**に戻るだけの事だろうが…**子供**の立場からすれば**冗談じゃない**。子供には一生癒えない傷が全身に負わされる。**離婚は犯罪**である。

☆　妙界の虎は　現代の日本人に　警告する。**人種の違う**人間の**結婚**は　生まれて来る子供の将来の為に　絶対にしてはいけない。その理由は次の項に詳しく認める。　　　　　　**妙界の虎**

● 『人間を生きる』 その八

◎　人間の要は…人種の違う
　　人間の『結婚』で人類は滅亡
　　　●それは何故…？

☆　人種の違う人間同士の『結婚』は 人類を滅亡させる。何故なら 自然界の**道理法則**に相反する。自然界では…その国に 冥合した人種を宿しいてる。文字や言語も 同じ様に人間が 生きる上に於いての『**要**』である。

☆　現代の日本は『**国際化**』と騒ぎ 外国人と結婚する。これは自然界の摂理に 相反した行為である。そして 生まれた子供は自然界に存在しない**新人種**…住む『**母国**』は無い。子供は苛められ己が何者か 悩み苦しむ。

☆　国際化とは…人種の混合ではなく 世界の人類が 意思の疎通を計る事である。互いの国を理解し 世界中が **人類の存続を** 目的に**助け合う事が****国際化**である。　　　　　　　　　　**妙界の虎**

● 『人間を生きる』　その九

◎　人間を生きるには 科学を

　　超越した『妙学』である

　　●それは何故…？

☆　**科学**とは…人間如きが生み出した 学問で自然
　　界に対して 背反する事が多い。例えばコロナウ
　　イルスの **目的**とは何かも探究せず自然界を相手
　　に闘う人間は 愚か者である。果たして この人類
　　に未来は有るのか…？

☆　科学と言う学問は 間違ってはいないが…正し
　　くは無い。自然界の**道理法則**が 科学に**具備**され
　　ていれば 原子核の研究や自然界に無い 核兵器の
　　製造…そして**生命**の源である**細胞**に触れる事は
　　しなかった筈である。

☆　新世紀は**人間を生きる**為に 現代の学問を覆し
　　自然界に冥合した『**妙学**』に根底から正して行
　　く。現代人には何解な事だろうが これが **新世紀**
　　の**哲学**である。　　　　　　　　　　**妙界の虎**

● 『人間を生きる』　その十

◎　人間を生きる事とは…

　　己の『四季』を悟る事

　　　●それは何故…？

☆　自然界には「春夏秋冬」が有り　人間にも自然
　　界と同じ　四季が有る。己の四季を悟る事が　人間
　　を生きる事である…。己の四季に春が回って来た
　　時に　新しい事を始めたり　結婚するのも…自然界
　　に冥合する。

☆　人間を生きる　一番大事な事を　認める。

　　己の『頭悩』で考えて　解決出来る事は考え

　　己の『脳裏』で考えても　解決出来ない事は

　　己の『感情』を抜いたり　調整する事が人間

　　己の『容量』であるが…これが出来ない。

☆　人間が　感情を抜く事は　難解であるが…

　　己の『生涯』を決める　要である。その時に

　　己の『心身』に『徳』が宿ると　新世紀では

　　己の『生命』が人間を生きる。　　　　　妙界の虎

● 『自然界』とは…？　その一

◎　始めも無ければ 終りも無い 貴き
　　自然界を虎は『妙界』と認める。
　　　★それは何故…？

★　深遠で果てしない 不思議な世界を妙界と認め
　る。で…無ければ 物事は前に進まない 妙界の学
　問を妙学…見え無い世界を 妙界と認め『新世
　紀』は 見える見え無いの双方に冥合した哲学で
　ある。人類存続の為に…？

★　現代の神仏を敬う 文明は『礼拝文明』とこの
　作品では 認めて…事を運ぶ…。現代の礼拝文明
　は 色々な神仏 菩薩 如来 本尊 迄登場…正に破茶
　目茶である 違いますか…？　現代社会を 自然界
　の『妙学』で虎は正す。

★　現代社会の誤りは 履き違えた神仏の教え礼拝
　文明にある。新世紀では先ず 人間教育人間とは
　自然界の中で…生かされて居る。教育の原点は
　此にある。　　　　　　　　妙界の使者　虎

● 『自然界』とは…　その二

◎　自然界を 破壊すれば…

　　人間社会も 壊れる…？

　　　★それは何故か…？

★　自然界で生かされて居る 人間が…何処で狂ったのか…？　人間の勝手で人種の異なる人間同士が 子供を造り 命の領域 動植物の遺伝子組み替え ゲノム編集…自然界に無い動植物を造り育て 抵抗無く利用する。

★　社会では混血人間達を商品化し 自然界に存在しない 動植物を 抵抗無く 食べる…。因って 人間が報いを被る時が来た。これは自然界の摂理…。要因は 邪教から生まれた文明文化に気付かない 愚かな現代人達…。

★　天罰か…細胞の病気 癌 奇病難病 認知症 性的欠陥人間は 増加の一途…。徳を宿せば解決します…。現代の医学では 打つ手無し『徳生文明』の開花を…。

　　　　　　　　　　　　　妙界の使者　虎

● 『自然界』とは… その三

◎ 礼拝文明で 目的を誤った
人類を 虎は徳生文明で正す。
★それは何故…？

★ 虎は小学一年にて 民主教育は『何か』が違う と悟る。時は流れ三年生 学芸会の寸劇『運命の 鐘』主役の爺を演じる『人間 朝は星の光〜夜は 星の光り迄 二十年間…働けば働く者に 運命の鐘 は 幸を 告げ渡る』…。

★ 虎は四年生 夜明けと共に竹藪に入り竹の皮拾 い 働く事を悟り 中学生で新聞の配達 集金と拡張 を頑張る。卒業時 在校生に送る答辞に『人間を 生きる事は 人の倍働け』と書いた。その小冊子 は 今でも持っている。

★ 担任真鍋先生 曰く『少年時代は学問より心身 の鍛練をせよ 人間は 生涯 勉強だ』…潰しの効く 人間に成る事 是が人間を生きる自然界である…。 人生とは今日に生きる。　　　　妙界の使者　虎

77

● 『自然界』とは… その四

◎ 虎が 自然界と生きた人生…

　　凡人では体験出来ない事が…？

　　★それは何…？

★ 虎の人生は…全てが 現代社会の**常識**では理解不明な事が起こる。**大卒**が 入社条件の大手投資開発会社に 何故か『**無学文盲**』な**虎**が**合格**…虎の入社**感想文**が 社内広報誌に一人だけ**掲載** 六十年後の今も手元に有る。

★ 現代医学で 治療の方法の無い**小脳深部**の動脈瘤が 誰も居ない**深夜**の病室で消えたり**奇跡**の人生…。この作品を 顕す最中には…**別世界**が見え色々な生物に**日本語**が通じる自然界と冥合した僅か**百余日間**であった。

★ 一部は **写真**に残した…。虎の肉体に無い**目**で見た物は…迫って来る **赤**ちゃんの手…綺麗な**模様** 動く黒い**人影**を最後に閉じる。『**自然界**』の警告か…？

　　　　　　　　　　　　　　　　妙界の使者　虎

● 『自然界』とは… その五

◎ 自然界は 虎に使命を諭す

　　人類の目的は…存続である。

　　　★それは何故…？

★　人類の目的とは『存続』である。人間の目的は『紅葉』して枯れ 再び生まれ変わる生命の『永遠』を諭す。半相や幸せ そんな次元では無い 人間が越えては行けない山も有る 肉眼で見えない世界は 見るでない。

★　必ず死ぬ人間が…殺し合っても 殺してもいけない。人間は自然界で 生かされて居る生物…男は男を 女は女を生きる。男と女で家族を造って守り合い 子孫を残し自然界と共存 存続する事が『人間』である。

★　現代の文明は 是らの全てに『背反』した人間社会である。現代人を 野放しにすれば自然界の全てが崩壊…故に 自然界は人類の滅亡に今 動いている。

　　　　　　　　　　　妙界の使者　虎

● 『自然界』とは…　その六

◎　徳生文明の発祥が無ければ…

　　　　人類は『今世紀』で…没…？

　　　　★それは何故…？

★　人類が **自然界**を破壊して来た**文明**には…人類存続の根拠は 何も無い。全てが進歩の限界で **先進国**から人類は**自ら**朽ち果て滅ぶ日本も 日本人**同士**が 戦い殺し合う 歴史を**娯楽**として楽しむ…これは 如何な物か…？

★　**人類**が競い殺し合う根源は 宗教にある。礼拝文明で **色々な宗教**が競い合う諍いから人類は…愚かな**戦争**を 始めた。礼拝文明の間違い…宗教とは 自然界の道理法則であり礼拝文明は 自然界に反した**邪教**である。

★　宗教に 祈る対象物は無い。**自然界**の道理**法則**が 宗教であり 全ての既存宗派が この**徳生文明**に**帰依**すれば 初めて**戦争**と諍いの無い人間社会に成る…。

　　　　　　　　　　　妙界の使者　虎

● 『自然界』とは… その七

◎ 自然界で人間が生きる上で…

大事な事は 意思の疎通かも…？

★それは何故…？

★ 全ての**生物**には **意思を伝える何か**が有る 人間には **言語**が有り 国や人種 土地風土に冥合した言語を持つ。虎は青年時代 英語に狂い感じた事は 日本語**以外**の言語は殆どが『**決め言葉**』で締めて 相手を追い詰める。

★ 現代の日本国民は 会話は出来ても…**話の出来ない人**が多いと 虎は感じる。元総理の**国葬**に於いて 反対した人は…この間違いで後悔する時代が 来る。現代社会の**多数決**は反対**意見**が 浮かばれない…。

★ 日本人は **腹**を割って話す。相手の**意見**を飲む 今回は**泥**を被る。現代人は出来ない…**全員**で賛成し **三本**で締める。是が共生する**人間社会**…自然界である。

妙界の使者 虎

● 『自然界』とは…　その八

◎　生命は 永遠であり 体は

　　消えても…貴方は死なない。

　　★それは何故…？

★　何時の世にも私は必ず居る 前世の記憶は無い。寝て起きた時に…記憶は有る筈だが その記憶が無い『世界』を 想像したことが有りますか…？　それが死…生命も同じ…。人間の死とは永遠の眠りでは 無い。

★　人間は『今世』で 命に『自然界の法則』徳を宿す。神仏の汚れ…穢土（えど）が宿った この生命を『徳』で浄化すると…前世も 来世も見える…？

死は 生まれ変わり 妙界の虎は己で死を 体験した生命の永遠を…？

★　さぁ～人生に『徳』を宿し 素敵な子孫と家族に守られる人生を 人間として送ろう。これが 自然界と冥合して 生きる 新世紀の教え『哲学』である。生命は永遠…。　　　　　　妙界の使者　虎

● 『自然界』とは… その九

◎ 今…貴方が手にしている

　　新世紀に 自然界の命が…？

　　　★それは何故…？

★　虎が この作品を顕していた時…起こった魔の
　働き…？　市の福祉課や…保健所職員に心配を掛
　けた。佐倉署の警察官には 大雨の深夜～翌未明
　に掛けて…大変 お世話に成り 感謝します。私に
　対しての四魔で自然界の摂理である。

★　その昔滅亡した恐竜の子孫か…？　二羽の野鳥
　…僅か 百余日だが 雨の日も 雪の日も毎日 虎を
　訪ね激励…尻尾を切られた虎猫と片足の小鳥は
　己の身を以て『虎』に人間の残酷さを 訴える。
　その姿を…写真に残す。

★　妙界の虎は 心ある人間や自然界の生物に守ら
　れて 新世紀を顕す。職場の監督からは労りの
　『声』掛けを 入退時には必ず戴く。虎は感謝する
　…正に自然界の加護である。　　妙界の使者　虎

● 『自然界』とは… その十

◎ 自然界の法則を 徳の一字に
　　認めた言魂詩は…仕事をする。
　　★それは何故…？

★ 言魂詩の目的は 人類存続と **生命**の永遠 **人生一度では無い** 人間は自然界と**共存**する 男と女は平等で無い事を 論し説いて行く。**男女**は 各々 自然界が与えた **使命**が違う。新世紀は この誤りを『**言魂詩**』で正す。

★ 現代文明の誤りは 明日無き未来…これは**人間社会**に 証明されている。自然界は人類滅亡の為に送った…？ **スマホ GPS AI** 変異する感染病に因り **先進国**から…滅亡…これは 地球を守る 自然界の摂理である。

★ さぁ～勇気ある**少年**よ **老人**よ…己の心に**徳**を宿して この『**一代事業**』に貢献せよ。人類に **春を届ける**『**運命の鐘**』その音色が**言魂詩**と 虎には聞こえる。　　　　　　　　　　**妙界の使者　虎**

● 『虎と自然界』　その一

◎　虎は 讃岐山脈中腹 太刀野山で

　　生まれ 自然界より名前を授かる

　　●そこで何が…？

☆　虎が何故 この山の部落で生まれたのかは未だ定かでない。昔〜 **壇ノ浦**の戦に破れた**平家**の落人が 刀を捨てた事が地名の由来で実家の前には『**刀塚**』がある。険しい 峠を越えれば 弘法大師生誕の地 讃岐である。

☆　祖父は真言宗行者 虎は産道から二歳迄の記憶は鮮明で 本名の『**利徳**』は**自然界より授かる**。**名付けの儀式**は 生後七日に縁者が集い夫々思う名前を書き 掌で丸め盆に入れ祖父が神棚に供え祝詞を上げる。

☆　そして**自然界** 太陽神の札で祖父が呪文を唱え乍混ぜ 札に付いて離れない一粒だけを広げる。そこに 認められた名前『**利徳**』を**自然界より授**かった。　　　　　　　　　　**妙界の虎**

● 『虎と自然界』 その二

◎ 虎は己の足で 一人で立った
　　その感動…そして 父の思い出
　　●それはどんな…？

☆ 櫨火燵の縁伝いに 回っていた虎が初めて**一人で立ち** そして**踏み出す一歩**…その時の感動は 今でも忘れない。早速父は虎の前で押すと兎が餅を搗く『**歩行器**』を 手際良く幼い虎の為に **作って**くれた優しい父…。

☆ その後の記憶は 父が仕事から帰り**土産に栗饅頭**をくれて 食べた**仄甘い味**…。隣村に引越しする時 父に手を引かれ**下った坂道の思い出**…。母に連れられ 徳島の病院に行き病室にいる**父を** 家に**連れて帰る**時の事…。

☆ 虎は 満員の**汽車に 窓から乗せられて**…父は家を目前に動けなく成り 母は虎と父を**深夜の杉林**に残して 助けを呼びに行った。戸板で運ばれる父との別れ…。　　　　　　　　　**妙界の虎**

● 『虎と自然界』　その三

◎　虎は三歳〜六歳迄の
記憶は 朧気であるが
●覚えている事は…

☆　父は戦地で撃たれ負傷し 実家の直ぐ下の**杉林**迄来るも 生きて帰る事無く**力尽きる**。虎は 行儀作法と 幼児教育を 厳格な祖父に受けたが**六歳の**時 **十**迄 **数**える事が出来ず**祭の時** 親族の前で **恥を掻いた**事がある。

☆　部落は**一番鶏**で目を覚まし **二番鶏で起き一日が始まる**。大人の生業は 林業と炭焼き 後に煙草農家も増えた。部落に**電気は無く**暗く成れば部屋の天井に**油**ランプを吊して 手元に**小灯し**を置き夜道では**提灯**を使う。

☆　**夜**には **別**の**世界**がある。谷向いの山には狸の家族が居て 夫々が**提灯行列**を始める。**愚かな現代人**は そんな馬鹿な事は無いと…これが**自然界**の真の姿である。　　　　　　　　　　　**妙界の虎**

● 『虎と自然界』 その四

◎ 虎の少年時代の家族は
動物達と 共存していた
●それは何故…？

☆ 一家では 牛に鶏 猫に犬も 立派な家族で牛は**畑を耕し** 農繁期は 讃岐まで **出稼ぎ**に行き **お米**を背負って帰る。鶏の雄達は**時**を知らせ 雌達は**卵**を生む。鶏は放し飼いだが夕方 小屋に戻り 止まり木に並んで眠る。

☆ 犬は 暗い夜道の**道案内** 猫は 鼠も捕るが高等な生き物で **自由に家族を守る**。人間は**子供**から**老人**まで家族**全員**が働き 正月には牛にも人間と同じ 御節料理を食べさせる。家族全員が揃い 一緒に お正月を祝う。

☆ これが**人間**と 自然界の**生物達**が**共存**する営みである。人間は 自然界から恵みを頂き生かされている。**自然界と共に** 一生涯**働く**事が **人間本来**の姿である。　　　　　　　　　　　**妙界の虎**

● 『虎と自然界』　その五

◎　子供も大人も 動物にも
　　各々に 役割と仕事が有る
　　　●それは何…？

☆　生きる事は働く事と **物心**が付いた時から身に付ける。子供は 三歳にも成れば年下の子供の 世話をする。五歳にも成れば昨晩に灯したランプの火屋掃除や 近くの山で竈の焚き付けの杉の小枝を拾い集め 持ち帰る。

☆　虎の祖父は 仏壇に 朝の務めを終えると 腰に鉈を下げて **犬**に連れられ **山**に行く。母は朝食の支度と片付けをし **猫**に見送られ**畑**に出かける。虎は一人で井戸水を 釣瓶で汲み上げ 釜屋の瓶に溜める。当時 水道は無い。

☆　犬は祖父を山に送り届けて 帰って来る。猫は母の帰る時間を予測して 出迎えする。動物も皆家族である。中でも**猫**は人間よりも遥かに**高等な生き物**である。　　　　　　　　　**妙界の虎**

● 『虎と自然界』 その六

◎ 部落には 現代人に
　考えられない世界が有った
　　●それは何…？

☆　部落には 人を呪う**犬神家**…人を化^{バカ}す狸も居て 人間と 同じ背丈の 猿も居る。医者は居ないが 病気を直す**拝み屋**が居る…。虎が知らない世界も 有った事だろうが…これが**人間を生きる 自然界**なのかも知れない。

☆　全てが自然界と**共存**する 人間社会の中で虎は 育った。だが…素晴らしい 人間社会は**科学**に 因って**壊された**…。果たして 科学が正しかったのか 疑問である。生活は便利に成ったが 利便性に伴い **人間社会が壊れた**。

☆　人間が **戦い 殺し合う事**は どんな理由が有ろうとも 許されない。祖父が教えた事は『**虫けらにも三分^ぶの魂**』が有る 例え蠅^{ハエ}でも追い払い 殺してはいけない。

妙界の虎

● 『虎と自然界』　その七

◎　新しい教育制度の小学校

　　最初の一年生…部落に電気が…

　　●何が起こるの…？

☆　虎は**敗戦後** 新制度の小学校に入学する。校庭に並ぶ一年生の前で **明治天皇**が認める**教育勅語**が納められていた 立派な**奉安殿**が解体されていく。虎は この光景を見た時にこれは**何かが違う**と 幼い胸に焼き付く。

☆　太刀野山の部落でも **電気**工事が始まる。実家に 電気が来る当日 虎は 祖父と二人で待っていた。電気は電線を伝って来て 目で見えると思っていたが 突然**電球**は光った。その**明るさ**と感動は 今でも忘れない。

☆　部落に電気が来てからは 狸の**提灯行列**もその**灯火を消す**。そして 自然界と共存する日常生活は少しずつ**変わり始め** 人間関係が**稀薄**に成って行くのを感じる。　　　　　　　　**妙界の虎**

●　『虎と自然界』　その八

◎　虎は 小学四年生…

　　　初めて 稼ぎの仕事を…

　　　　●それは何…？

☆　**春先** 竹の子の時期は夜明けと共に竹藪に入り
夜中に成長し剥がれ落ちた**皮**を探す。虎は 皮を
拾い集め 乾燥させ 部落に回って来る叔父さんに
目方を量り買い取って貰う。真竹の皮は お肉や
和菓子の**包装**に使う。

☆　**夏場**にかけては **和紙**の原料に成る梶（カジ）の樹皮を
剥ぎ乾燥させ 定期的に来る叔父さんに目方で
買って貰う。**冬**は 伐採して倒された真竹を牛車
道迄 運ぶ仕事で稼ぐ。これらは自然界で生きる
小学生の楽しみである。

☆　当時の小学生は一年中 何か仕事がある。**働く
喜び**や 値段の**交渉**を **体で覚え** 稼いだお金で初め
て買ったゴム靴や ナイロン製のベルトの感触は
今も忘れない。　　　　　　　　　　　**妙界の虎**

● 『虎と自然界』　その九

◎　父の遺品が 動いた…その
感動は『虎の命』に成った
●それは何故…？

☆　父が亡くなり十年後 床下から車の部品を見付ける。米国に憧れていた父は 米国との**開戦前**にオート三輪車を個人で**輸入**したが修理屋は無く父が交換した発電機である。虎は寝る間も惜しみその部品に触れる。

☆　父が車と写った 小さな**写真**を思い出す。**牛車の時代** 車を持っていた父…虎の人生の楔に成る。そして無謀にも 直流の発電機に交流の電源を流すと回りだし **父が動いた**。その『感動』は今でも忘れる事はない。

☆　理論は全く分からない虎だが 電気と言う化け物を理屈では無く体が覚え 後の人生の起爆剤となる。虎の母曰く 父は虎を**米国**に**留学**させる事を夢見ていた。

妙界の虎

● 『虎と自然界』 その十

◎ 虎も中学生になる
文明で滅ぶ最後の猿
●それは何故…？

☆ 虎は太刀野山から一里程下る 三野中学に入学する。通学用に自転車を 祖父に強（ねだ）ると**松を一本売り** 買ってくれるとの事…。虎は祖父と一緒に**祖父の山**に入り 一本の赤松に目星を付け 切り出して**自転車**に変える。

☆ 虎は新聞の**朝刊**を **夕方**に下校の道すがら配達して家に帰る。二年生の或る日 神社の境内に 保護した猿が 檻に居ると聞き 見に行くと**部落**に居た猿で 六年ぶりの**再会**…。腕の傷が生々しく 餌を食べずに**息絶えた**。

☆ **文明の進歩**と共に 木炭も次第に売れなく成り 炭釜も次々と壊される。猿の生活も そして虎の生まれた故郷も 最後の猿の死で**自然界と共存**する全てが**終わる**。　　　　　　妙界の虎

● 『虎を』…守る自然界　その一

◎　部落 最後の猿が 息絶え
　　そして 家族制度の崩壊が…
　　　●それは何故…？

☆　部落には…現代人が 考えられない世界が有り
人と同じ**体格の猿**も居た。だが現代の科学者は
そんな猿は居ないと言うだろう。しかし部落民達
は その猿を皆が見ている。無知は『悪』とは正
に この事である。

☆　自然界と共存する当時の部落には 何処の家に
も **奥の間**と言う 貴い部屋が 有った。お産や 死
に水を取る時 夫婦が 交わるのも全て『奥の間』
で行う。奥の間には 大きな長櫃が有り 家の大事
な物を保管する。

☆　子供が結婚すると 奥の間を若夫婦に譲り老夫
婦は 隠居部屋に 移る。これが 家督を子供に譲る
代替わりの証しと成る。だが…**家族制度**は 民主
教育で消える。　　　　　　　　　　**妙界の虎**

● 『虎を』…守る自然界　その二

◎　虎も中学三年 先生の
　　言葉で決まった虎の人生
　　　●それは何故…？

☆　虎は 担任の**真鍋勇**先生より『**人間は一生勉強
だ 若い時**には**心身の鍛練をせよ**』…。この言葉
で 虎は心を決め 先ず 生活の為に**手職**を付け様と
徳島市内に有る『**土木建設業**』の『**石本組**』に住
み込みで『**奉公**』に入る。

☆　侠客道を貫く組頭の親方に **男の生き様**を肌で
教えられた…。親方は新車で コレダのオートバ
イを購入し 虎が毎日掃除をする。虎は次第に
乗ってみたくなり 無断で初めてバイクに乗るも
近くの川に転落する。

☆　親方は バイクより **虎を心配**し 他の若い衆に
『**風呂沸かせ**』と 怒鳴る。ドブ川からバイクを誰
が引き上げたのかは 知らないが気付くと 新車に
替わっていた。　　　　　　　　**妙界の虎**

● 『虎を』…守る自然界　その三

◎　虎は 三年の年期が明け一年の

　　お礼奉公の時 男の生き様を悟る

　　●それは何で…？

☆　当時は**台風**が来ても **救助隊**等は来ない。水没した町内の住民達を 石本組の**若い衆**は自分達の命の**危険**も**顧みず** 人命救助する。新聞記者に取材されるも 表彰は別の人に…**親方**は『**それで良い**』と 若い衆に諭す。

☆　虎も近所の借家で 独立。讃岐から事情で峠を越え 会社を経営する 虎の縁者 **侠客**の奥空氏に報告する。早速 **法学部**の柴田氏と全国を ギター流しと行商回りする佐野氏を虎に紹介。この出会いが **人生の礎**に成る。

☆　奥空氏は 生涯 虎を**守り** 佐野氏は全国の**情報**と人間の**価値観**を 虎に諭し 柴田氏は**法律**の矛盾等を教える。虎は この三人衆の英知を忍ばせ人間**社会**に出る。　　　　　　　　　　**妙界の虎**

● 『虎を』…守る自然界　その四

◎　その後 六十年間の人生
　　虎が 歩み 残した 足跡…
　　　●その道程は…？

☆　虎も二十代 大手不動産投資会社に就職し米国教育出版社に転職する。虎は 自ら起業斬新な英語教材出版に 英語塾も 開設する。ビデオセンターと 有線テレビシステム開発 日本初の 小形船舶教習所も 設立する。

☆　舞台を関東に移し 建設会社を設立するも四十二歳 小脳動脈瘤が裂けたが 蘇生 法務関係業を経て 日本芸能振興会を設立する。国内から活動開始 韓国公演会の成功を納め 日韓友好にも虎は貢献し 後の韓流ブームの礎となる。

☆　妻と二人 故郷徳島を後にした虎も 今では娘四人に 孫九人 家族全員十九人 皆健康で仲良く 団体旅行を楽しんでいます。これは自然界の加護『妙力』である。　　　　　　　　　　妙界の虎

● 『虎を』…守る自然界　その五

◎　虎も八十歳 自然界が与えた
　　警備士の仕事で 生物と人間の…
　　　●何を感じたの…？

☆　虎は空港施設の警備で 自然界の**生物達**と**向き合う**。野良猫に小鳥 蝶や蟻さん達に…虎が 日本語で 真剣に話し掛けると 応える。カラスも虎に近寄って来る。虎に『猫』は人間の残酷さを 己の『**全身**』で訴える。

☆　そして自然界は虎に 真の**人間の生き様**も正面から**悟した**。一言の言葉 一本の飲み物さりげない所作で 人間の心は大きく動く。警備の職場は人間を懸命に生きようとする人間の**掃き溜め**…この仕事にも**花が咲く**。

☆　虎は表〜裏社会 色々な仕事を経験したがこの職場にて **人間を生きる事**を初めて己の**肌で悟る**。自然界の生物は語らず 虎の命に火を灯す…監督に感謝する。　　　　　　　　　**妙界の虎**

● 『虎を』…守る自然界　その六

◎　徳生文明の発祥が無ければ…

　　人類は『今世紀』で…没…？

　　　★それは何故…？

★　人類が **自然界**を破壊して来た**文明**には…人類
　存続の根拠は 何も無い。全てが進歩の限界で **先
　進国**から人類は**自ら**朽ち果て滅ぶ 日本も 日本人
　同士が 戦い殺し合う 歴史を**娯楽**として楽しむ…
　これは 如何な物か…？

★　**人類**が競い殺し合う根源は 宗教にある。礼拝
　文明で **色々な宗教**が競い合う諍いから人類は…
　愚かな**戦争**を 始めた。礼拝文明の間違い…宗教
　とは 自然界の道理法則であり礼拝文明は 自然界
　に反した**邪教**である。

★　宗教に 祈る対象物は無い。**自然界**の道理**法則**
　が 宗教であり 全ての既存宗派が この**徳生文明**に
　帰依すれば 初めて**戦争**と諍いの無い人間社会に
　成る…。　　　　　　　　　　　　　　　**妙界の虎**

● 『虎を』…守る自然界　その七

◎　自然界が 虎に与えた

不思議な 心の目で…

●何が見えるの…？

☆　大雨の朝 所定位置に車を停め警備に就き車外を見渡す。新顔の小鳥でも 来ないかと思っていたら 雨の雫に濡れた小鳥がいる。そして 右側 視界の隅には 赤ちゃんが二人 虎に向かい笑顔で手を差し延べている。

☆　一人の赤ちゃんは手や顔 纏う衣の柄まで見えたが 特段その時は気に止めなかった。帰宅の途中にスーパーで 半額の弁当を買い車の中で体を助手席側に向け 食べているとハンドルから 赤ちゃんの手が迫って来る。

☆　その後は 動く動物らしき 背中や 色々と綺麗な動く模様 ゆっくりと動く黒い人影を最後に その目は閉ざされる。自然界は虎に何を諭そうとしたのか…？　　　　　　　　　　　　妙界の虎

⑩の八

● 『虎を』…守る自然界　その八

◎　虎の人生は 自然界の

　　加護『妙力』の下にある

　　●その理由は…？

☆　自然界とは**真可不思議**な世界であり 虎は**妙界**
　と命名する。虎は 現代科学の常識では解明出来
　ない様々な体験をし 実現もする。これは**自然界**
　の加護の下に 虎が生かされている証であり 己の
　人生体験より認める。

☆　有名企業に入社 感想文が社内誌に**掲載**…小脳
　開頭手術は後の京大 **菊池**教授の**執刀**で蘇生す
　る。国内第十一回 公演会の開催では千葉県教育
　委員会の**後援**を賜り NHKの元 **坂本会長**より **祝**
　辞を直筆で頂く。

☆　千九百九十一年 韓国『第三回』公演会は朴ク
　ネ氏が管理する虹（ブジゲ）劇場で盛大に開催し**金詠三代**
　議士より **祝辞**や**花輪**を頂く。後に両名共 **大統領**
　に就任する。　　　　　　　　　　　　**妙界の虎**

102

● 『虎を』…守る自然界　その九

◎　虎が顕した徳を 自然界が

　　認めた…その 瞬間とは…

　　●何が有ったの…？

☆　虎は小学一年生から 五十三年追い求めた**何か**を 六十歳の還暦に出版した『**文殊**』に顕す事は出来なかった。十年後の 古希の朝初めて筆を持ち 認めた字が『**徳**』である。その徳が 虎の**人生最大**の危機を救った。

☆　それは車のキャリアに 建築現場の残材を満載し ラッシュ時の高速道に散乱させた。虎は脳裏で 人が何人事故死するかと思った瞬間 フロント硝子に『**徳**』が降りて来た…その後の記憶は 高速料金を払うまで無い。

☆　虎が認めた徳が 緊急時に 虎の前に現れ虎を救った事は **自然界が 徳を認めた**事に成る。信じる信じないは別として この教え哲学に **絶対** 間違いは無い。

　　　　　　　　　　　　　　　　妙界の虎

● 『虎を』…守る 自然界　その十

◎　太陽は 東から登り 西に沈む

　　この自然界を 『徳』に認める

　　●それは何故…？

☆　自然界の法則には『不動』の四季があり人間にも 四季がある。人間は 己の**四季**を悟り **自然界**の**四季**と 冥合して生きる事が人間を 生きる事である。自然界の 四季を文言に認めた 教えが『**徳**』である。

☆　この徳を己の『**分身**』として 部屋に掲げ日々全ての出来事を 徳に告げる。自然界の妙力を 己の心身に宿し 人生を生きる事が『**新世紀**』の『**自然界**』と 冥合した 教え哲学である。自然界には間違いが無い。

☆　虎は この哲学を人類に教えたく**言魂詩**に**百十条**で認め 顕した。この教え哲学を信じる 信じ無いは自由だが この教え哲学に手違いは 有っても間違いは有りません。

　　　　　　　　　　　　　　　　妙界の虎

● 『虎と価値観』　その一

◎　人間社会の価値観とは何か
　　それは 人類の『存続』である
　　●それは何故…？

☆　人類の価値観は『真実』か**偽り**か 正義か**邪義**か…日本国の国法に 正す事か…国法を犯せば罪に成る。日本の国法は 米国思想の正義を価値観に 施行されている。果たしてこれで良いのか 日本人に問う。

☆　人類の価値観は『**人類の存続**』である。人類の存続に『**貢献**』する行為は 全て**大善**であり…人類の存続に『背反』する行為は全て**大悪**である。新世紀の価値観は 人類の『**存続**』を 絶対的 価値観にする。

☆　ここで大事な事は **自然界の法則**に冥合しているか**否か**で 善悪の価値判断をする事である。人類史三千年 この人間社会の営みを全て正す事が**新世紀**である。　　　　　　　　　**妙界の虎**

● 『虎と価値観』　その二

◎　人類は自然界と共存して
　　初めて己の『人生』を生きる
　　●それは何故…？

☆　人間は…『運』が良いとか悪いと言う。**自然界**と **己の四季**が **冥合**した時に初めて運が**良い 自然界と己の四季が相反**する時は運が**悪い** これを人間社会では『運』が良い悪いと言う。これは自然界の摂理である。

☆　この新世紀では『己の四季』と 自然界の四季の冥合を説いている。自然界で人間は治らない病気には掛からない。大事な事は己の四季を『**悟る事**』で自然界と『**冥合**』した価値ある『**人生**』を謳歌する。

☆　虎の論す人間が範疇にする**動・功・徳** の価値観である 『**徳**』を人間が心に宿せば…四季不順等で 病気に成っても時期が来れば春夏秋冬 移ろいの如く**必ず治る**。　　　　　　　**妙界の虎**

● 『虎と価値観』　その三

◎　現代文明は自然界の法則に
　　正せば『悪』…間違っている
　　●それは何故…？

☆　自然界の生物は 全てが存続することに意味が
あり価値もある。なのに現代文明は必ず死ぬ人間
が 競争し殺し合い 自然界で人類だけが進歩す
る。この間違いを正さなくては **進歩の限界**で 人
類は滅亡する。

☆　人類は宗教を 履き違えている…自然界の**道理
法則** その教えが宗教である。自然界に神や仏は
いません。死を目的にした神仏の教えで 神や仏
に祈り 崇拝する事…天国や極楽…この誤りを虎
は正してゆく。

☆　人類は何千年も 神仏の教えを正す事なく流さ
れ **人間の無知**に因って 人類は滅亡の時代に入り
天変地夭や ウイルスの禍…。無知は『悪』とは
この事である。　　　　　　　　　　**妙界の虎**

● 『虎と価値観』　その四

◎　自然界で生きる人間の
仕事には『役得』がある
●それは何故…？

☆　現代社会は 役得を否定するが…**自然界が全て**の生物に **与え許した『役得』**が有り…人間社会全ての職業にも役得が存在する。ここで政治家の**役得**について 安倍元総理の「森友 加計 桜」問題に触れてみる。

☆　桜を見る会に 地元でお世話に成った人を招待しなくて 一体 誰を招待するの…？　森加計問題にしても お世話に成った知人に義理を律義に返す事は 人間として当たり前 一国の総理の**役得**はそれなりに許される。

☆　日本の野党は何時迄も 政治を後退させる森加計問題で騒ぐが…国民に実質 いか程の不利益を与えたのか…？　真実は真実であり善悪の『善』の行為では無い。

　　　　　　　　　　　　　　　　妙界の虎

● 『虎と価値観』　その五

◎　民主教育で 忘れられた
『人の道』は 何処かに消えた
●何故消えたの…？

☆　人の道とは 日本国の 文明 文化である。『**倫理・秩序・道徳**』この紊乱に因って…人間が生きて行く **絶対的価値観**を民主教育では教えない。その末路が現代日本 全ての生業は 詐欺と日々の殺人社会に成った。

☆　こんな日本に誰がした…それは 敗戦後の自由民主教育である。日本国民は…自由を履き違えている。**自由**とは**規制の中**に有り現代の 規制の無い自由は『放任』である。この意味が 現代人には 分かるまい。

☆　現代人は 人間形成を造る幼児期に…牛の乳を飲まされて ゲームや漫画を栄養に育ち大学を卒業された 現代人に…『**人の道**』を**諭し 幼児**から**教えて行く。**　　　　　　　　妙界の虎

● 『虎と価値観』　その六

◎　バブルの崩壊で『秩序』を無くし
　　気骨ある政治家と国民が消える
　　　●それは何故…？

☆　日本は千九百九十一年バブル崩壊と共に気骨ある政治家と 国民は消えた。四年後の東京都知事には タレントの 意地悪婆さん青島幸男様が当選大阪ではパンパカパンの横山ノック様が府知事に当選した。

☆　戦後生まれの 団塊の世代が 日本社会の中枢になり 政治家を お遊びの 人気投票で選ぶ。候補者も 選んだ国民も 最早人の道を弁えた人間では無い…。団塊二世が 中枢に成った現代…同性結婚は 語るになし。

☆　今や日本国は 殺人事件が日々当たり前…社会は…オレオレ詐欺を始め 全ての企業が詐欺師に成った。原因は 誤った民主教育で『秩序』を無くした事にある。　　　　　　　　　　妙界の虎

郵 便 は が き

1 6 0 - 8 7 9 1

1 4 1

東京都新宿区新宿1－10－1

㈱文芸社

愛読者カード係 行

料金受取人払郵便

新宿局承認

2524

差出有効期間
2025年3月
31日まで
（切手不要）

ふりがな お名前		明治　大正 昭和　平成	年生　歳
ふりがな ご住所	□□□-□□□□	性別	男・女
お電話 番　号	（書籍ご注文の際に必要です）	ご職業	
E-mail			

ご購読雑誌（複数可）	ご購読新聞
	新聞

最近読んでおもしろかった本や今後、とりあげてほしいテーマをお教えください。

ご自分の研究成果や経験、お考え等を出版してみたいというお気持ちはありますか。

ある　　　　ない　　　内容・テーマ（　　　　　　　　　　　　　　　　　　　）

現在完成した作品をお持ちですか。

ある　　　　ない　　　ジャンル・原稿量（　　　　　　　　　　　　　　　　　）

書　名								
お買上 書　店	都道 府県		市区 郡	書店名				書店
				ご購入日	年	月	日	

本書をどこでお知りになりましたか？
　1.書店店頭　2.知人にすすめられて　3.インターネット（サイト名　　　　　　）
　4.DMハガキ　5.広告、記事を見て（新聞、雑誌名　　　　　　　　　　　　　）

上の質問に関連して、ご購入の決め手となったのは？
　1.タイトル　2.著者　3.内容　4.カバーデザイン　5.帯

　その他ご自由にお書きください。
（　　　　　　　　　　　　　　　　　　　　　　　　　　　　　　　　　　　　）

本書についてのご意見、ご感想をお聞かせください。
①内容について

②カバー、タイトル、帯について

● 『虎と価値観』　その七

◎ 『新世紀』は 己の心に
　　徳を宿し 価値ある人生を…
　　●無理かもね…？

☆　民主教育で狂った日本人の再生は 直ぐに出来ない 百年掛かる間に合わない。人類はあと四十年少々で…**地球上**から**滅亡**する。それは何故か…秩序を無くした 団塊二世と脳が機能を失う スマホ三世で 自滅する。

☆　現代人には 人間社会を診る容量は無い。馬鹿騒ぎし乍…**死んで逝く** 心配しなくても日本より早く滅亡する国がある それから気付いても もう遅い。これは人間社会を揶揄しているのでは無い 自然界の摂理である。

☆　人類の存続に 理屈は要らない…自然界の法則に冥合した『**新世紀**』の教え『**徳**』の哲学が 何かの間違いで世に出れば 何かが起こる。虎にも分からない…。

　　　　　　　　　　　　　　　　妙界の虎

● 『虎と価値観』 その八

◎ 人類は神仏を敬う礼拝文明の
　　間違いを『自然界』に詫びる
　　●何故なの…？

☆　人類史三千年は 神仏に騙され 自然界を破壊し 必ず死ぬ人類が天国を夢見て 殺し合う この文明で 宇宙まで汚す人間社会に成った。**地球は万物の為**にある…自然界は人類自滅の為…スマホやGPS等を送る。

☆　これらの機器を 自然界は自由に操作が出来る…。全世界のネットの マザー局も自然界の手の内にある…人類は何も知らず**便利さに酔って**いる。世界の電子計算機は止まり 預金は『0』に…それは明日かも。

☆　さぁ〜どうします…？　人類に 為す術は無い…世界中の原爆も 誤作動で爆発する。これが 自然界に相反した人類の末路です。『**自然界**』に代わり警告する。　　　　　　　　　**妙界の虎**

● 『虎と価値観』　その九

◎　滅亡に向かう人類の救済は…？
二千四百年前の『徳』にある
●それは何故…？

☆　古代 ギリシャの哲人『ソクラテス』が…命に
代えて 人類に残した哲学『**徳**』の教えである。
徳はプロタゴラスが顕したが 人に教える事は 出
来ないと言った。その徳を…ソクラテスは若者に
教え…処刑された。

☆　虎は 西暦二千年『還暦』を迎える記念にエッ
セー『**文殊**』を出版 虎の人生六十年は人生と共
に 宗教や哲学を 研鑽して来たが…現代文明には
範疇にする哲学がない。しかし分かっていながら
文言に 顕せ無かった…。

☆　そして十年の時は流れ…七十歳の**古希**を迎えた
早朝に初めて『毛筆』で書いた字の中に 何故か
三文字だけ 浮き出た文字が…『**動・功・徳**』で
あった。　　　　　　　　　　　　　**妙界の虎**

● 『虎と価値観』　その十

◎　人間は『使命』を持ち生まれる
　　使命の無い人間は生まれない
　　　●それは何故…？

☆　使命とは何か　人間は生まれ乍にして容姿が違
　う…それは何故…？　その人に与えられた使命が
　有る。人類は先ず『存続』である。人間の使命と
　は『子孫』を残す事が　第一の使命である。己の
　使命は先ず それからだ。

☆　ここで大事な事は『使命』の無い人間はこの世
　に生まれない。これが自然界の法則であるが 現
　代文明では『己の使命』さえ悟る事なく 死んで
　逝く人が多い…。現代社会の誤りを正す事が **新
　世紀の哲学**である。

☆　現代社会は『使命』を持って生まれて来る人間
　を 親の都合で中絶する。これは立派な殺人罪で
　ある。この文明の誤りを 正す事が『新世紀』の
　『使命』である。　　　　　　　**妙界の虎**

● 　虎…現代社会を 斬る　その一

◎ 　人類の目的は平和でも

　　幸せでも無い 存続である

　　　●それは何故…？

☆ 　平和には戦争が有り 幸せには不幸が有る 戦争
　の無い平和も 不幸の無い幸せも無い…現代人に
　この真の意味は理解出来ない…。人類の目的は…
　『**人類の存続**』である事を全人類に諭して行くの
　が 新世紀である。

☆ 　この新世紀は 虎の八十年の人生経験から人類
　史三千年の誤りを **新世紀**の哲学にて分かり易く
　顕した **作品**である…。現代文明に照らせば 正し
　くは無いが…**自然界**の法則に照らせば **間違って**
　はいない。

☆ 　虎は人類の間違った『目的』を 根底から正
　す。人類の術を超越した 自然界の法則…**朝の来**
　ない 夜は無い。この『**妙学**』を以て現代社会の
　間違いを 鋭く**斬る**。　　　　　　　　**妙界の虎**

● 虎…現代社会を 斬る　その二

◎　先ず日本国の民主社会の
　　間違いから 正して行く
　　●それは何故…？

☆　日本国が 槌音を響かせ 繁栄した時代は戦前教育を受けた日本人の残党が 政治から経済の中枢で活躍した 千九百七十五年頃迄である。当時は肉体労働者も潤い 経済格差も無く 全ての国民が『中流社会』であった。

☆　その後 十年で日本が壊れだす。テレビを始めに…家電製品の二重価格を 戦後教育に洗脳された 日本女性達が 表に出て 騒いだ『シャモジ騒動』…。これを境に 日本国は唸りを上げ 全てが狂ってきた。

☆　その後は 敗戦後の民主社会に洗脳された『似非日本人』が『中枢』になり 日本国の全ての生業が狂い 競い合う競争格差社会に没落した。この日本社会を斬る。　　　　　　　　妙界の虎

● 虎…現代社会を 斬る　その三

◎　現代社会が絶賛する 科学の

　　進歩の間違いを正して行く

　　●それは何故…？

☆　結論から入る『**スマホ**』で人類は今世紀後半に必ず滅亡 湮滅する。人類存続の為にスマホとデジタルは 即廃止せよ。スマホは原爆より怖い…この先 僅か三十二年後には脳が機能を失い **人間は自ら滅亡**に至る。

☆　民主教育で育てられた団塊三世で 人類は滅ぶと他の項目で 虎は顕した。民主教育で育った親から生まれた 子供から…生まれた『**スマホ三世**』で 人類は滅ぶ。現代社会に その前兆が…人間の『**脳**』に現れている。

☆　スマホは人間の英知の領域を 遥かに超越している事に 気が付かない現代人…これを科学の進歩と絶賛する社会を 根底から正し自然界に背反した**現代を斬る。**　　　　　　　　**妙界の虎**

● **虎…現代社会を 斬る　その四**

◎　**人間の脳は 体を守る為にある**
　　科学で脳は 悲鳴を上げている
　　　●それは何故…？

☆　人間は 腹が空くと脳は 空腹を知らせる。何か
　不具合が有ると痛み等で知らせ 偏った食事をす
　ると 胸焼けがする。体温の調整も血圧の調整も
　脳の指示で 全ての臓器は動き排便 排尿も 脳が知
　らせ **体の全てを守る。**

☆　現代の医学で…少々 脳も戸惑っている。高血
　圧も 脳が必要を感じ上げている…薬で下げると
　脳はその 役目を 放棄して **生涯 血圧**の薬に 頼る
　事に成る。腎臓透析も同じ生涯する事に成る。

☆　人間の脳は 体内に有る臓器の一つだが…間違
　わないで…『**人間の心と命**』は 体内に無いのよ。
　有れば心変わりしない…だから愛して結婚しても
　愛は消える…。　　　　　　　　　　　**妙界の虎**

● 虎…現代社会を 斬る　その五

◎　人間を造る 幼児期の誤った

　　教育と食育を…正して行く

　　●それは何故…？

☆　民主教育で 育てられた 現代人は 心身を形成する大事な**幼児期**に 母乳で無く四つ足**畜生**である**牛の乳**を抵抗なく飲ます。人間教育で要の大事な時期に **人の道**を教えずゲームにアニメを抵抗なく子供に平気で与える。

☆　その子供が 大人に成ると…アレルギーや**アトピー**…親をゲーム感覚で 平気で**殺す**。親は子供を 熱湯殺人…車中で日干し**殺人**…原因は 現代民主**教育**と**食育**の誤りにある。虎の言う事 間違っていますか…？

☆　現代人は**幼児教育の欠如**で 狂っているが当人は『正常』と 思っている。**親が子供**で教育が出来ず **当たり前**の事も教えられない。この現実を**正して斬る**。　　　　　　　　　　**妙界の虎**

● 虎…現代社会を 斬る　その六

◎ ここまで狂った 人類に
　　明日は無い 人間社会を斬る
　　●それは何故…？

☆　現代社会の人間が何故 ここ迄狂ったか。人類
　の存続で一番大事な結婚を弄ぶ 呆れた**同性結婚**
　容認の風潮と **夫婦別姓**を議論する現代の日本政
　治…狂った政治家よ 人類存続その「**方法**」を真
　剣に議論せよ。

☆　人間が競い合う**スポーツ庁** お金を磁気に置き
　換える**デジタル庁** 即廃止せよ。人間を生きるに
　は 全てに於いて無駄と遊びが必要である。無駄
　こそが『**経済**』であり 人生が豊かになる…戦争
　は最大の無駄である。

☆　全ての人間社会の生業は 遊びで人間が…育ち
　成長する。旅行に行く事 お酒を飲む事 男女の交
　わりの過程も 遊びが大事である。虎は遊びの無
　い **現代社会を斬る。**　　　　　　　　**妙界の虎**

● 虎…現代社会を斬る　その七

◎ 民主教育で ここまで狂った日本国
　　貧困者を『食い物』にする政治
　　●それは何故…？

☆　貧困者が吸う 安価銘柄煙草値上げ…正に日本政治の**縮図**…虎は ある事情で…役所に預金が差押えられ 抗議すると相談に来い…土日は 役所が休み。社会奉仕の公務員なら庶民の為に休日でも一日位は**業務**をせよ。

☆　虎の体験では 民主教育で狂った富裕層の公務員には**困窮者**の苦しみが分からない。民主教育で目的を誤った 最高学府を卒業された人間は **共生する人の道**に欠けた人が多い…無学な虎には**教育**の貧困が見える。

☆　禁煙運動に一言 煙草は**農業** 茄子科植物**健康を確かめ守る**には煙草以上の物は無い。煙草の美味しい時は健康である。煙草は…脳には最高の**栄養**である。虎の体験では…。　　　　　**妙界の虎**

● 虎…現代社会を斬る　その八

◎　日本政治の貧困を 虎は正す

　　政治家に人間哲学が皆無である

　　　●それは何故…？

☆　政治とは 辞典に因れば…国を司る権力とある

　が『自然界と共存』と 一言入れて欲しかった。

　因って自然界を破壊し 哲学が無い全て後追い資

　本主義 保護政治…民衆が選ぶ多数決は正しいが

　…ここに問題がある。

☆　政治で一番大事な事は 人類の存続と言う哲学

　を以て 国民に…『夢と希望』を与える事である。

　安心して子育てと 毎年同じ事が繰り返せる 社会

　…。そして人類の存続を…要にした政治政党の発

　足を 虎は望む。

☆　子育て経験の無い人に 政治は出来ない。政治

　とは 勘違いしないで…「男」の最高の『道楽』

　であり『出産』と人間教育は「女」の最高の『名

　誉』である。　　　　　　　　　　　妙界の虎

● 虎…現代社会を斬る　その九

◎ 日本社会は 福祉優先が…？
崖際の貧困者を突き落とす
●それは何故…？

☆　虎が この新世紀を顕す最中に 自動車税未納で **佐倉県税**から会社に **給金差押**えの書面が直接送られいた。虎 八十歳の老体でやっと見付けた **八百八十円**の時給で九時間休憩なく働いて得た給金は 問答無用没収…。

☆　これが現代の…民主社会が 富裕層を守り貧困者を**虐待**する 民主行政の**実態**である。戦前の日本社会は…例を挙げる 大家さんは困っている人に 借家を建て貸した。家賃の滞納を法律で 強制する事はしない。

☆　現代社会は貧困者を 稼ぎの対象に借家を建てる。家賃の**滞納**があると 弁護士を使い国法を以て**強制**執行する 戦後の**民主教育**に洗脳された人間社会を斬る。　　　　　　　**妙界の虎**

● 虎…現代社会を 斬る　その十

◎　この項は 虎…日本社会に

　　『新文明』で一石を投じる

　　　●それは何故…？

☆　この人類史『第二の文明』の発祥無くて人類の
　　存続は無い…『徳』の文明を顕す為自然界は虎に
　　凡人では体験出来ない多くの試練を 与えて来た。
　　その『件は』新世紀の作品 全項目に認めている。
　　虎は人類の存続に生きる。

☆　人間が生きて行く上に於いて 範疇にする正価
　　値とは『動・功・徳』そして 反価値は『死・
　　罪・罰』である。自然界と 共存して人間は共生
　　し 目的は 幸せや 平和では無く『存続』を『絶対
　　的価値観』にする。

☆　この教えを中傷批判するならば 己でこの哲学
　　を破折する『哲学』を顕してからせよ。で…無け
　　れば 自然界より その報いを 必ず被る事を前もっ
　　て忠告する。　　　　　　　　　　　　　　妙界の虎

● 『虎』と新世紀… その一

◎ 人類が 初めて経験する
滅亡は 今世紀かも…？
★それは何故…？

★ 人類は…五百塵点劫と言う 計り知れない久遠の昔から『自然界』と 共存して来たが 今から約二十四百年～三千年前に…当時の人類を統治する為か…？ **悪魔**が**神仏**を顕し祈り崇拝させ…その末路は **滅亡**である。

★ 何故人類は滅亡するの…？ それは人類が神仏を **宗教**と誤って信じた時から始まった そして 生まれた 文明と文化で 人間と言う軌道から大きく『**脱線**』した。だが それに誰も気付かずに **神仏**を称えて来た。

★ 人類は 自然界と**共存 共生**し 生きる事が目的であり自然界を破壊しては行けない。現代社会は…全てを破壊する この間違いを**新世紀**は 根底から正す。

妙界の使者 虎

● 『虎』と新世紀…　その二

◎　妙界の虎が この新世紀にて

　　　『宗教』と 現代社会を斬る。

　　　★それは何故…？

★　宗教とは…**太陽**は東から西に **水**は上から下に…。この自然界の法則が **宗教**である。宗教に 拝む対象物も 色々な 宗教も無い…**自然界**の**核**が**宗教**であり 対象物に祈る事は信仰である。騙されないで…。

★　人類史上…この間違いを 約千四百年前にギリシャの哲人 **プロタゴラス**が諭し若者に**ソクラテス**が教え 当時の権力者により処刑された。と 言われている『**徳**』の哲学こそ未来の人類が『**核**』にする 新文明である。

★　徳生文明の発祥無くて 人類は滅亡に向かい今『**焦眉の急**』…だが その機根が政治家や有識者達には 全く無い…。『**その時**』を人類に論す事が**新世紀**である。　　　　　　　　**妙界の使者　虎**

● 『虎』と新世紀…　その三

◎　徳生文明の発祥が無くては

　　必ずや 人類は滅ぶ…？

　　　★それは何故…？

★　一言で言うならば **自然界**の摂理である。現代
　社会の全ての生業は 自然界を破壊し乍人間の都
　合で**山を削り　海を埋め宇宙を汚し政治**は 権力闘
　争 **企業**は 世間が騒いでいる霊感商法以上に 詐欺
　である。

★　人間としての一番大事な 人間形成を造る教育
　の基礎『**倫理　秩序　道徳**』を 教えない学校教育は
　間違ってないか…？　虎は国民に問い掛ける…。
　このままでは 日本国は滅ぶ 芯の無い**烏合**の衆…
　是が現代社会である。

★　今 愚かな人類は 神仏に騙され 自然界を破壊す
　る。この人類滅亡の為に **感染病**等で自然界は 動
　いている。『**科学**』を盾に闘う人間は 必ず**滅亡**す
　るそれは今世紀…？　　　　　　**妙界の使者　虎**

● 『虎』と新世紀…　その四

◎　新世紀は 人間が悔い改めて
　　　共存する事で 人間を生きる。
　　　★それは 何故…？

★　現代文明は 人間の都合で自然界を破壊し生物を虐殺しながら 生きている…。これは果たして**正しいのか** 問われる時代の到来…故に…自然界は 人類の滅亡に動いている。自然界の全ての**生物**の為に **地球**は有る。

★　昆虫から 全ての生物は『**自然界**』を守る為に生きている。『**新世紀**』の少年 少女にお願い 昆虫は自然界で**何**に貢献しているか調べてね。スマホで ゲームをする事よりも**自然界**に貢献すれば貴方は守られる。

★　この自然界に存在する生物で **人間**以外は全て何かに『**貢献**』している。その**益虫**を人間の都合で 殺虫剤を使い**大量虐殺**する…その**報い**は 人類が必ず被る。

　　　　　　　　　　　　　　　　　妙界の使者　虎

● 『虎』と新世紀…　その五

◎　自由民主主義の間違いを
　　　自然界の『法則』で斬る。
　　　★それは何故…？

★　現代日本国の民主主義は 米国のキリス教民主
　　主義…基督の**愛**には 必ず**憎**しみが有る 憎しみの
　　無い**愛**は存在しない 仏の**慈悲**には煩悩が有る。
　　煩悩には 色々な**欲望**が必ずや芽生える 是らは全
　　て 自然界に相反する。

★　米国産の民主主義で 生まれた愚かな人間社会
　　は 米国の**正義**にて戦争をする。人間が『**共存 共
　　生 存続**』する 自然界に冥合した『**倫 秩 道**』を
　　知らない。この**人間集団**の選ぶ民主主義は **最悪**
　　である。

★　人類は『**存続**』に **価値**がある。新世紀は**人類
　　存続主義**…政治政党では **人類存続党**の発祥を…
　　庶民で築く 新世紀の発足無くて…人類の**存続**は
　　絶対に無い。　　　　　　　　**妙界の使者　虎**

● 『虎』と新世紀… その六

◎ 民主主義で ヘドロと化した
　　日本社会に…少々触れてみる。
　　　★それは何故…？

★　歴史のある 日本国から日本人が絶滅した理由とは…？　日本社会の『三悪』は政治に媒体 教育である。悪の源は 国民で 政治は特に野党 そして目に余るメディアの蛮行…臭い物には蓋をせよ真実は正義では無い。

★　五輪や国葬は 世界の要人の出会いの場…全ては出会いから始まり 親睦が芽生える。現代の日本社会は 全てが似非である。社会の余興であるスポーツや芸能が…表に出ては正常な 人間社会ではない。

★　日本国には 自然界が与えた文明が有るが民主主義で全てが狂う。言語は 人類最高の日本語があるにもかかわらず 公共媒体まで英語を使う 虎は この間違いを正す。

　　　　　　　　　　　　　　妙界の使者　虎

● 『虎』と新世紀… その七

◎ 新世紀は 自然界に冥合した

　　徳生文明で 人類は存続する。

　　　★それは何故…？

★　この新文明は…幼児から子供に 肌で論す民主教育で 汚れた大人には 無駄…。そんな時間は無い。新世紀は 早くて百年〜三百年先に成るが この作品が何かの手違いに因り世に出れば 僅か三十年先に 時代が動く。

★　それは…奇特な老人が 今世で徳を宿せば徳の血脈が宿り 立派な青年に生まれ変わる血脈はネットで伝えられる 代物では無い。虎は血脈を二十七歳で 悟った その血脈を人類に論す事が 徳の哲学…新世紀である。

★　徳の哲学は 生命の『永遠』を説いている人生は一度では無い。人間の死後に 天国も地獄も無い。現代宗教に 騙されるな…地獄極楽は…この世にある…。

　　　　　　　　　妙界の使者　虎

● 『虎』と新世紀…　その八

◎　虎と民主教育の出会いで
　　胸に刺さった…何かが違う。
　　　★それは何故…？

★　虎は 日本国民が 七万五千の 提灯行列で祝った
　紀元 二千六百年**生誕** 日本国の戦前戦中 戦後復興
　を**己の目**で見る。八十余年に渡り…戦後の民主教
　育に 国民が洗脳されて行く様子も **確り**と 心に焼
　き付けて来た。

★　国民学校は 新しい制度の小学校に変わり虎は
　…**最初**の一年生として 入学…。朝礼での出来事
　…。職員室隣に有る 綺麗な**奉案殿**が無残に解体
　されて逝く光景が…今でも 胸に刺さっている。
　これは『**何か**』が違うと…。

★　千九百四十七年に始まった 戦後民主教育は正
　しかったのか…？　米国は日本国に**原爆**を投下し
　焦土と化したが…何の救援も援助も無く…**米国色**
　に染めた。　　　　　　　　　　　　**妙界の使者　虎**

● 『虎』と新世紀…　その九

◎　敗戦後の 民主教育は…？

　　正しかったの…国民に問う。

　　★未来の為に…？

★　この殺伐とした 日本社会…世界で最高の歴史
　ある日本の**文化**…**言語**まで 民主教育に奪われ
　た。それにさえ気付かない 日本人に成り…日本
　国の**先人**に申し訳なく 新世紀は先ず 日本人の**復
　興**から 人類の存続を…。

★　虎は この人類の間違いを 探る為に 先ず西洋哲
　学〜東洋哲学に 触れる。西洋哲学は論理を弄ぶ
　実行出来ない**絵**に書かれた餅…東洋哲学は 文証
　的には…立派に見えるが…天国 極楽 成仏で 人類
　を騙している。

★　虎が 新世紀に顕す哲学とは『**人類史上**』初め
　て『**本有**』の自然界に冥合した 哲学…妙界の虎
　は 己の**心身**で体験した哲学を以て 『**徳**』の新世
　紀を築く…。　　　　　　　**妙界の使者　虎**

● 『虎』と新世紀… その十

◎ さぁ〜新世紀で…貴方の心に
　　　徳を宿せば 自然界と冥合する。
　　　　　★夢の人生が…？

★ 貴方に『徳』が 宿れば『何時』の世にも君が
　居て 僕も居る…是が人生…。生命とは永遠〜で
　ある事が…自然に 分かって来る。両親が 自分の
　子供に 生まれる事も 有る。虎は 己の命が 己に
　宿った体験もする。

★ 自然界では 生命は『永遠』年齢は無い。春夏
　秋冬の如く…繰り返される…是が人生 老人は 徳
　を宿し 綺麗に枯れて 春には再び生まれる。青年
　は 徳を宿して子孫を造る。是が人生…人類の目
　的は『存続』である。

★ 是が…自然界と『冥合』した 人間社会を老若
　男女で築いてゆく。『神や仏』に騙された 三千年
　の人類を 自然界に帰す事が…『新世紀』の人間
　の『使命』である…。　　　　　　妙界の使者　虎

● 『虎』の溜め息　その一

◎　新世紀の宗教とは何か…？

　　　自然界の 道理法則である。

　　　　☆それが宗教だ…？

☆　現代の宗教と呼ばれている 教えは人類を統治
　する為の方便で 宗教ではありません。**本来の宗
　教**は『**自然界**』の **道理法則**であり宗教に祈る 対
　象物は無い。人類を何千年も騙して来た宗教が…
　現代の社会である。

☆　人類は『**自然界**』と共存 人間は**共生**して**存続**
　する事が 人間社会である。現代社会は人間が 競
　い合い殺し合う…。戦争の根源は全て誤った宗教
　に有り この神仏の間違った教えを正す教えが 新
　世紀の妙学である。

☆　**妙学**とは…この不思議な **自然界**の**法則**に具備
　した 教えである。虎は…現代の宗教や哲学を 六
　十余年研鑽 体験して 自然界より『**徳**』の哲学を
　授かった。　　　　　　　　　　　**妙界の虎**

● 『虎』の溜め息　その二

◎　新世紀の『徳生文明』は…

　　日本の歴史そのものである。

　　☆それは何故…？

☆　西暦 六百年頃の日本国には…国を治める聖徳太子という偉人が 居たと…。日本初の十七条憲法を制定 世の太平安泰に尽力をし秩序ある内政と 外交政策の基礎を築いたと言われる。日本建築に 矩尺を導入した。

☆　世界で最も歴史ある 天皇家と聖徳太子が築いた和の文明は 欧米文化に汚れた。この日本人を『徳の文明』にて 根底から再生し歴史ある 大和文化を世界に向け流布せよ…世界の人類は この教えを待っている。

☆　腐敗した人類史 最大の危機を救えるのは日本国を於いて 他には無い。自然界の法則『徳』の文明と 『和』の文化で 人類を救う事が 日本国の使命である。　　　　　　　　　　妙界の虎

● 『虎』の溜め息　その三

◎　**新世紀は 人類は進歩より**
　　存続に絶対的 価値がある。
　　　☆それは何故…？

☆　現代文明の根本的な誤りとは 人間社会で一番
大事な 人類の『**存続**』が抜けている。現代社会
の不幸の原因は全て ここに有ると虎が吠えても
民主教育で汚れた現代人には分かるまい。幸いに
無学な虎には分かる。

☆　現代文明は 全て戦い競い合う事で進歩が有る
と 現代の学者は言うが…**進歩**には必ず**限界**も**危
険**も有る。世の中が進歩し 便利に成ったが 一例
を挙げる。二人の若者が夫々東京から大阪に行
く。さてどちらが…？

☆　A君は**飛行機**に乗り一時間で 到着するも乱気
流と故障で 危険に合う。B君は**徒歩**で一カ月要
したが 美しい風景や 文化 素敵な人達と**出会**い
価値ある**人生**が開けた。　　　　　**妙界の虎**

● 『虎』の溜め息　その四

◎　新世紀は 憲法を草案から見直す…？
　　憲法とは 人類存続の為に有る。
　　　●それは何故…？

☆　日本国の憲法は…**最悪**の憲法であり その結果
　が 現代の日本社会に**証明**されている。戦後民主
　社会で 生まれた団塊世代の皆様が後期高齢者に
　成った今『日本国』の憲法を平和憲法と 絶賛す
　るか 否かを考えて…？

☆　この憲法の根本的間違いは 憲法の条文に**家族**
　の事が 謳われていない。人間を生きる事は **国**が
　有り **地域社会**が有り **家族**の中で人間は生まれ育
　つ。だが現行憲法では 国や家族よりも 個人の尊
　重を重視している。

☆　この日本国憲法は 日本人を骨抜きにする米国
　産憲法で 日本人の『**倫 秩 道**』全てを破壊した。
　因って日本社会は 殺人詐欺社会 さぁ〜どうしま
　すか…？　民主教育の間違いにある。　　**妙界の虎**

● 『虎』の溜め息　その五

◎　新世紀の教育とは何か…？

　　　それは人類の存続である。

　　　☆どうして…？

☆　現代民主教育は **文部科学省**から強制的に与えられた**教材**を使い勉強させ 国の**思惑**に沿った人間を造る。間違っては いないが…正しくは 無い。教育とは『**人類の存続**』を絶対的価値観に人間を育てる事である。

☆　世界の国々が 人類の存続を価値観にした義務教育を行えば **戦争**は**無**くなる。これが新世紀の教育である。善悪の判断は 人類の存続に 相反しているか 否かで 確定する。人類**存続**に**貢献**する行為は 全て**善**に成る。

☆　この自然界から 神仏の教えが無くなれば人類が 想像すら出来ない 人間が 自然界と共存する時代が来る。それが 新世紀の教育『**妙学**』である。虎は人類の存続を願う。　　　　　　**妙界の虎**

● 『虎』の溜め息　その六

◎　新世紀は 人類の戦争と虐殺に
　　因って生まれた人間哲学である。
　　●それは何故…？

★　人類は 殺し合い 奪い壊す 残虐な戦争を繰り返して来た。独逸はユダヤ人を大虐殺 日本人が中国人の捕虜を並べて 首を撥ねた南京大虐殺…。米国は 日本の首都を爆撃し大量虐殺…広島 長崎の原爆は語るに無し。

★　帝国復活思想…露西亜のウクライナ侵略 中国は 大国維持の為に 謙虚な 振る舞いを厭わない。北朝鮮は 資源も乏しく…国力の誇示に 核や ミサイルで 威嚇をしているが是らの国々は 自国を守る正義である。

★　二十一世紀…西側諸国は 米国を軸にして日本国や 欧州は 仲間意識で 守り合うが…正しくは無い。人類が 東西 南北に分かれ戦う事は自然界の法則に反する。　　　　　　　　妙界の虎

● 『虎』の溜め息　その七

◎　新世紀は 人類の多大な犠牲…
　　　その上に『新世紀』は発祥する。
　　　☆それは何故…？

☆　人類 本来の目的は『人類存続』であるが色々
な宗教に因り 人間社会が全て狂った。この増長
する人類を **根底**から**正**さなければ自然界が **崩壊**
する。今 世界中を敵に 敢て悪役を演じる 大統領
は妙界の使者かも…。

☆　世界の人類は **利権**と**財力 利便性**や**平和** 人間が
競い合う スポーツ…こんな低次元の中で人類は
さ迷っている。世界に蔓延する感染病の目的も質
さず 闘う事しか脳の無い**人類**の**愚**かさを 今こそ
反省せよ日本国民。

☆　自然界の**道理法則**を哲学にした **新世紀の教え**
が世に出れば 悲惨な戦争で亡くなった人類の命
も 浮かばれる。是が人類の存続を目的にした **新
世紀**である。　　　　　　　　　　　**妙界の虎**

● 『虎』の溜め息　その八

◎　新世紀は 人類史上 初めて
　　現代社会の生業から生まれた。
　　　☆それは何故…？

☆　この自然界の生業 何一つ欠けても新世紀の発祥は無い。全世界の指導者達と **動植物**…既存の宗教や 媒体 全てが冥合し 発祥する太陽である。妙界の虎が ここに作品で顕し唱えても 理解が出来る 人間は居ない。

☆　正に新世紀 この哲学は自然界の道理法則妙界の摂理である。虎が 人間に生まれた事や虎に関わった人達 野良猫 野鳥 **生物**全てが『**新世紀**』の発祥に 貢献している。現代の常識では 理解出来ない **正**に**妙学**である。

☆　自然界の絶対的 価値観は 地球上 全ての生命体が **存続**する事である。人類が万物の霊長なら…次世代は 自然界の動植物を守り**共存**する事が **新世紀**である。　　　　　　　　　　　　**妙界の虎**

● 『虎』の溜め息　その九

◎　新世紀の発祥に因り 人類は
　　初めて人間として生きて行く。
　　　☆それは何故…？

☆　人間の肉体は枯れても…生命は その人に春が来れば芽を出す。これが 人生である。人間は 生まれ乍に 全て容姿が違うのも その証しである。憲法から 平和や幸せの文言が消え 人間社会は自然界の営みと冥合する。

☆　自然界が人間を裁き 人間社会から戦争や諍いも消える。自然界に 間違いは無いので人間社会の お詫びや 謝罪も消えて 人類の目的は死では無く 生命は永遠…。自然界に冥合する事が 新世紀である。

☆　この自然界の道理法則 妙学が世に出れば全人類が 百二十歳の天命を全うして人間を生きられる。人生とは 今日に生きる。是が虎の人間哲学である。　　　　　　　　　　　　　　　　妙界の虎

● 『虎』の溜め息　その十

◎　虎は新世紀の哲学を 言魂詩に
　　認めたが…現代人は信じない。
　　　☆それは何故…？

☆　人間の欲望を 誰も諭して居ない。欲望は人間
　本来の『本能』では 無い。現代社会で人間が
　誤った欲望を 満たす為に生きて居る人類を**存続**
　する為 四十余年も**努力**して来た人間は…**虎**を於
　いて 他には**居**ない。

☆　民主教育で 目的を誤った人類に諭しても一人
　も信じる人は 居ないが『**妙界の虎**』は一人から
　先ずは諭して行く。その一人が一カ月に一人に諭
　して行けば 僅か**二年半**で一億人に**伝**わる。日本
　国の人口に等しい。

☆　この人類の危機を 救えるのは…大衆でも政治
　家でも無く **一人**の**貴方**である。これは自然の法
　則であるから 自然界が**貴方**を守る。妙…『**動 功
　徳**』心命…？
　　　　　　　　　　　　　　　　妙界の使者　虎

● 『虎の小言』　その一

◎　この項目は人間社会の
　　　間違いを 小言で刺す
　　　●それは何故…？

☆　人類で大事な事は…**自然界**が有って **国**が有る **社会**が有って **家族**が居る 家族の中で**己**は生まれる。この**系列**は重要であり これは春夏秋冬にも通じる。だが…現代社会には**系列**が**無く** 人間社会の秩序が乱れる。

☆　この原因は 米国に強制された**日本国憲法**にある。米国は基督教 自由民主主義であり人間が生きて行く**人の道**や**秩序**より **個人**の**人権**を尊重する。今や 人間社会の価値観は米国の『**正義**』で日本国は崩壊した。

☆　日本人なら 心を静かに 道行く人の姿と町並みを見よ。消えた『**日本語**』の看板や大衆食堂…『**皇室**』を敬う日本文化は既に絶滅の**危機**にある。日本国民よ目を覚せ。　　　　　　　　　**妙界の虎**

● 『虎の小言』　その二

◎　人類が滅亡する要因は
『神仏』の教えである
●それは何故…？

☆　自然界と　共存していた『純真無垢』な人類に **悪魔**が**神や仏**を仕立て　**人類を騙し**洗脳する。その後『人類』は神仏に逆らう忌み　禁断に触れず　流される事　三千年…。礼拝文明と共に　人類は**滅びの道**を歩む。

☆　礼拝文明で　生まれた科学に因り　自然界を壊し　触れては行けない**生命の領域**…遺伝子組み替え　ゲノム編集…。人間の工場生産も近い…。**生態系**崩壊　**生物**絶滅　**環境**破壊…**地球**温暖化も　解決不可能な次元にある。

☆　人類は**進歩**と言う　**呪縛**の中『スマホ』に辿り着く。やがて脳細胞は　腐敗して溶け　思考力を失う。若者は　己の晩年を知る事も無く　地球上から滅亡する。そうですよ…。　　　　　**妙界の虎**

● 『虎の小言』　その三

◎　現代文明の間違いは
人間の価値観にある
●それは何故…？

☆　絶対に間違いの無い　自然界の法則は　即人間の価値観であるが　現代社会に価値観は無い。その国によって　**神仏の教え**や　その国の**思想**を価値観にしている　この間違いを虎は自然界の『**妙剣**』太陽の光で刺す。

☆　自然界で人間が顕した　正しいものは何か敢えて言えば『**時刻**』である。暦は**旧暦**が**自然界**に冥合している。人間が生きて行く上に於いての　絶対的価値観は　**人類の存続**である。人類史上　過去の価値観とは…？

☆　西洋哲学では　範疇にする価値観の**正価値**には「**真・善・美**」…東洋哲学での正**価値**には「**美・利・善**」『**徳の哲学**』の正価値には『**動・功・徳**』を　虎は認める。　　　　　　　妙界の虎

● 『虎の小言』 その四

◎ 現代社会の間違いは
　　男女の使命の違いにある
　　　●それは何故…？

☆　日本の国法では 男女は『平等』に成っている
　が…**男女は同権** でも…**平等ではない**。この間違
　いを正す事が 新世紀の教え 哲学である。生まれ
　乍に 男と女は**使命が違う**。この**自然界の法則**を
　人類に諭して行く。

☆　現代社会は **男女平等**の下で 文明社会が動いて
　いる所に 人間社会の**災い**と **不幸**の要因がある。
　全ての生業の誤りを正す為に**自然界の法則**を
　『徳』で顕し この哲学を人類の心に宿す『新文
　明』を認める。

☆　自然界の**万物**には 全て『**表と裏**』がある 太陽
　が表で 月は裏である。人間は男が表で女は裏…
　表と裏では 『**使命**』が違う。裏の女が表に出れば
　人類は滅ぶ。自然界の摂理である。　　**妙界の虎**

● 『虎の小言』　その五

◎　この項目では虎の

　　使命を　小言で顕す

　　　●それは何故…？

☆　現代社会は『科学は**万能**』と　疑わないが神仏の教えは　科学で答えが出せますか…？　何も**矛盾**を感じない**現代人**に　人類の存続を諭し説いても　無理があるが…この事を論さなければ人類は必ず滅亡する。

☆　人類の目的は　自然界と冥合し　存続する事である。だが…現代文明は全てに於いて自然界の法則に『相反』している。それは『**必ず死ぬ**人間が**殺し合う**』この間違いを徳の哲学で正す事が『**虎の使命**』である。

☆　人類の絶対的　価値観は　平和や幸せでも無く『**人類の存続**』である。人類の居ない地球上に平和も幸せも無い。神仏の教えで滅亡に向かう人類を　徳で救う。　　　　　　　　　　　**妙界の虎**

● 『虎の小言』 その六

◎ 人間社会の生業は全て
『女性』で持っている
●それは何故…？

☆ 男は 天下を取る 女性は その**男を育む**。人間社会は 女性で**成り**立っている。これが自然界の摂理であり『**人類の存続**』それは**女性**の**使命**かも…？ 現代文明は 男女平等これは間違いであり**男女**は役割を弁えよ。

☆ 太陽が男なら 月は女であり 夫々使命が違う。**女性は 人間を造る。体を守る**仕事は**女性にしか出来ない。**だが 現代社会は男が介護や 看護師をしている。女の**体**が病気を治す。**大病**を克服した**虎**には 良く分かる。

☆ 人間社会の生業は 女が表を支えている。**男の看護師**では 治る**病気**も**治らない**。この意味 現代人には分かるまい…。看護婦は**天使**…人に**安心**と癒しを与える。　　　　　　　　　**妙界の虎**

● 『虎の小言』　その七

◎　現代文明の間違いは

『人間教育』にある

●それは何故…？

☆　人間を造るには幼児教育が重要であるが　現代の**人間教育**は　幼児教育が**皆無**に等しく人間の『基礎』が　未熟である。与えられた**米国産 民主教育**で　上塗りされた　日本人は人格形成が不備の欠陥人間に成った。

☆　**義務教育**で　**読み書き 算盤**を　習得すれば充分…。これらの事を　現代人は出来ますか…？　**高校 大学**は　**専門職**で　生きる**一部の人間**が付加価値のある　必要な知識を学べば良い。間違わないで…但し　**賢い訳では無い**。

☆　戦後の『民主教育』に因り　価値観は壊れ蔓延る欠陥人間が　社会の中枢を操り日本は狂った。この**現代文明の間違い**を　現代人に論す事が　**虎の使命**である。　　　　　　　　　　　**妙界の虎**

● 『虎の小言』 その八

◎　日本国の未来を担う
　　子供達に『国』は投資せよ
　　　●それは何故…？

☆　子供は未来を担う **人類の『宝』**である。文部科学省に 物申す。**幼児教育**充実**予算**を**法制化**し未来を担う 子供達に **投資**せよ。そして民主教育で失った 人間教育に威信を賭け **指導者を養成**し日本人の再生を急げ。

☆　現代社会は 誤った『民主教育』に因って日本国民は狂い 今や**欠陥人間社会**である。カラスの鳴か無い日は有っても **殺人事件**の起こらない**日は無い**。ゲームで育ち 狂った日本人の再生は 国家存亡の問題である。

☆　**高学歴**の人間集団は **無学と同じ**である。この意味が 現代人には分かるまい。人類の存続の為人間を育てる**幼児教育**に『徳』の哲学を以て 虎は諭して行く。

　　　　　　　　　　　　　　　　妙界の虎

● 『虎の小言』　その九

◎　現代日本は正常な人間の
　　　住める『社会』ではない
　　　●それは何故…？

☆　政治 教育 媒体 全てが**人の道**を**逸脱**した似非である。新総理が任命をした 幹事長は**選挙区**で**落選**…**比例区**で**当選**するも 当人の意向か 役職辞任を表明…総理も承諾した。政党政治は『**比例区**』に意味がある。

☆　政権政党にしても 二十二年の長きに渡り連立を組む 公明党の『**山口那津男**』代表が**総理に成らない**のは **不自然**ではないか…？　現代政党は無哲学の**権力争奪**政党である。哲学が無い政党に政治は出来ない。

☆　新世紀では **人類の存続**を**絶対的価値観**に『**徳の哲学**』を以て 新政党発祥を目指す。妙界の虎は『**人類存続党**』が 日本で誕生し世界の政治を担う事を 乞い願う。　　　　　　**妙界の虎**

● 『虎の小言』 その十

◎ 人生に最高の山を
　　妙界の虎は教える
　　　　●何処に有る…？

☆　その山は **高くも低くもなく『己の心』**の中に
ある。その山を登ると 山の『嶺』には人間が想
像すら 出来なかった…心身全てが躍動する『**妙
界**』がある。今 貴方は何かのご縁で その山の
『麓』にいる。

☆　**登る**…登らないは 貴方の『脳』では無く心が
決める。現代文明で 汚れた貴方の脳は肉体と共
に消えるから…抵抗するかも…？　肉体は消えて
も **心は永遠**である…。これが自然界の摂理 新世
紀の人間哲学である。

☆　その哲学とは **古代の哲人**が 命に代えて人類に
残した『**徳**』である。徳の世界では赤ちゃんの笑
顔〜 人生を**桜花**して 枯れていく **老人の笑顔**が素
晴らしい。　　　　　　　　　　　**妙界の虎**

● 文殊の会の前身とは

◎ 文化に貢献 社会に奉仕を目的に
発足した日本芸能振興会である。
☆自然界との約束

☆　虎は 小脳に 二つの動脈瘤が出来 一つが裂けて
死を待つ 君津中央病院 特別室にて四十三歳の**誕
生日**を迎えた深夜 霊峰富士に向かい **今迄**の罪を
懺悔する…。再び人間に生まれたら…**社会**に貢献
すると 誓う。

☆　東京湾の潮風が…病室を一周すると その**瞬間**
に 新しい『**命**』が宿る。虎にも…何が起こった
のか 分からないが…死を待つ己とは何か違う…
同じ体に **生命**が入れ替わった…**妙界の虎**は 実に
不思議な体験をした。

☆　この件(クダ)りは **徳の妙典**にて詳しく認める。虎の
人生は 人間の常識では…考えられない正に奇跡
の人生 **日本芸能振興会**の発足では果たして 何が
起こるのやら…？　　　　　　　　　**妙界の虎**

● 千葉県教育委員会指令　第八七号後援
　証書を賜る　日本芸能振興会

　妙界の虎は…昭和五十八年、**小脳**動脈瘤が裂け死を目前にして、病室の窓を明け…東京湾の彼方に見える霊峰富士に向かい、過去の罪を懺悔する。再び人間に生まれる事が有れば世の為に生きると自然界に誓うと同じ体に**生命**が入れ替わる。**蘇生**して僅か三年後には名誉も地位も人脈も無い田舎職人が、**自然界との約束通り**『文化に貢献社会に奉仕』を目的に**虎**が設立した『**日本芸能振興会**』の文化事業…第十一回公演会では**自然界**が動いたのか…。**千葉県教育委員会**より**後援**を賜り、文化会館大ホール式典にて、虎は満席の観衆に当時『**近くて遠い国**』と呼ばれていた**韓国**にて来年は**開催**すると常識では考えられない無謀な**宣言**をする。

● 文殊の会の前身とは

◎　妙界の虎…『韓国公演』は…

　　　自然界が動き 目的を変えた。

　　　☆それは何か…？

☆　虎の目的は…**戦争花嫁**で 韓国へと嫁いだ**女性**も 既に**高齢** 日本帰国には 貨幣価値も違い帰れない。せめて **母国**の舞踊を見せて挙げたく **逮捕覚悟**企画した**韓国公演**が当時『**近くて遠い国**』を虎が…変えた…？

☆　妙界の虎が 韓国公演を重ねる度…とても**歓迎**された事が 何故か**不思議**である。虎が驚いた事は**民主教育**に因り 日本から**消えた本物の日本人**が 韓国に居た。毛筆の美しい**日本語**で書かれた**手紙**は 虎の**財宝**である。

☆　人類の存続は 民主教育で狂った**日本人の再生**を於いて 無い事を **妙界の虎**は 悟る。**民主化**される**前の韓国国民**に 虎は感謝をする。人間を造る**文殊の会**の発足…。　　　　　　　　**妙界の虎**

157

● 文殊の会の前身とは

◎ 韓国も日本国も 民主教育に
洗脳され 人間社会が壊れた。
★それは何故…？

★ 敗戦後に即…日本政府は 日本国民と共に戦った 韓国を始め…同盟国に謝罪する事が人の道で有る。しかし日本政府は 何もせず米国に付いて行った。因って日本国は 真の独立の機会を逃し未だ 米国の植民地…？

★ 民主主義が 正しいと洗脳された日本国の独立は 既存の政党や 政治家には 毅然とした哲学が無く 出来ない。米国主導民主主義の間違いを…虎は判ってい乍 文言に顕す事が六十三年間『暗中模索』…出来なかった。

★ 民主教育の欠陥は 人間として一番大事な要…『倫・秩・道』この紊乱に 有る。虎は古希を迎えた早朝 人間が…『範疇』とする文言を…やっと顕す事が出来た。　　　　妙界の虎

● 『徳』で 春を…　その一

◎　徳を宿せば 人類に春が…？

　　　是は 自然界の摂理である。

　　　　★時を見て表に…

◎　この 項目…徳の文明が 何かの手違いで

　　　世に出る迄は…お蔵入りにする…。

◎　この項目が 近い将来 表を飾る

　　　人類の進化を…虎は 乞い願う…。

　　　　★現代人には…？

◎　人類が 『徳』宿し『妙学』を研鑽すれば

　　　自然界が動く…？　　　　妙界の使者　虎

● 『徳』で 春を…　その二

◎　自然界を破壊 進歩した人類は

今世紀 AIに因って 殺される。
★自然界の摂理である

★　先ず 人類は **自然界**で 生きて居るのでは無く **生かされている**事を価値観の要にして**存続**する事が 人類の絶対的な**目的**である。だが…**進歩**と言う**虚栄**の下で 人間は**勝手**に**自然界**を**破壊**し 生態系までも 変えた。

★　日本国に 電子計算機**CP**が現れたのは虎 二十六歳 紙テープが回り 穴で次の工程に移行する。それが… **PC**に…**スマホ**が生まれ**人間**の**知能**を超える **AI**の**GPT**が出現…目的を誤った 人類文明進歩の末路である。

★　滅亡に向う人類に『**徳の妙典**』にて 春を届けたいが 無理かも…。この哲学『**徳**』が**爆発**すれば『**人類**』に 春が来る。この頁が今直ぐ出せない事が**無念**である。　　　　　　　**妙界の虎**

● 『新世紀』とは…？　その一

◎　人類史三千年の文明を
　　　人類『存続』の為に覆す。
　　　　☆それは何故…？

☆　**現代文明**は 全てが**自然界の法則**に相反してい
る。因って 自然界は人類の滅亡に動いている。
愚かな人類は気付かずに戦っているが 感染病や
ロシア 中国 米国 これらの**三大列強国**が絡んだ諍
いも その一端である。その要因とは…？

☆　人類は **宗教**を履き違えて『**神仏**』を頭に自然
界の破壊をしている。宗教とは 人間の**大元**（オオモト）の教
え 自然界の『**道理法則**』である。太陽は**東**から
登り**西**に沈む 水は**上**から**下**に…是が『**宗教**』で
ある。神仏は居ません。

☆　人類史 **三千年**間…この文明の間違いを…段階
的に正して 人類を**自然界**に**冥合**させる事が『**徳
生文明**』である。新世紀の発祥…**新時代**の開闢で
あるが来ないで滅亡かも…？　　**妙界の使者　虎**

● 『新世紀』とは…？　その二

◎　新世紀の発祥が無ければ

　　人類は今世紀末で 滅亡か…？

　　　★それは何故…？

★　現代の若者は 人類滅亡を体験出来る…？　それは『阿鼻叫喚』の窮地か…？　自然界と共存共生し『安心』して明日を迎えられる新世紀の徳生文明か…？　選ぶのは…貴方達若者…未来に生きる 青年である…。

★　この言魂詩にて 虎は人類を揶揄している訳では無い 自然界の摂理である。信じるか信じ無いは貴方の自由 さぁ〜どうする…？　科学を信じ宇宙空間でカプセルの中に入りスマホに頼るか…？　それには 難が有る。

★　妙界の虎は吠える 自然界を壊した科学の末路で 人類は『今世紀』末迄に滅亡する。徳生文明で『新世紀』の発祥以外に 人類の存続は絶対に無い。自然界の摂理。　　　　　　妙界の使者　虎

● 『新世紀』とは…？　その三

◎　人類が 存続するには

　　さて…どうするの…？

　　　☆**自然に帰る**

☆　愚かな現代文明を 根底から正して行く。先ず
　は…平和 幸せ 自由 人権と平等…この飾られた
　『**四悪 平等**』…自然界に相反した**宗教**…。そして
　『**倫理 秩序 道徳**』に 悖る現代人が選ぶ 民主主義
　の間違いを正す。

☆　この件は再三 他の項目でも唱えて来たがここ
　が **新世紀の本懐**である。人類の目的は競い 殺し
　合う事では無く『**存続**』である。**自然界**には四季
　が有り **毎年安心**して単純な事だが この『**四季**』
　を繰り返す事である。

☆　人類史三千年…この**自然哲学**を 破壊して来た
　要因とは 宗教を履き違えた事にある。人間教育
　の『**要**』は 人類の『**存続**』これが**新世紀**の哲学
　である。その通り…。　　　　　**妙界の使者　虎**

● 『新世紀』とは…？　その四

◎　人間が 自然界と

　　冥合し 人間を生きる。

　　　☆それはどうして…？

☆　この『新世紀』は 革命では無い。一人の犠牲者も 有っては成らない。人類の存続を目的にしている。因って…『現代社会』を守りながら 汚れた人間社会を自然界の法則徳の哲学で 漸次…徐々に浄化して行く。

☆　この事業は 競い合い 殺し合う 戦争では無く全てに於いて 人類の存続を 絶対的な価値観にする。全人類が 自然界と共存する学問…。自然界の道理法則を 認めた学問を虎は『妙学』と命名する。

☆　この妙学は世界で最も歴史ある 日本国の皇室と言語…他国には無い文化 自然界より授かった徳の哲学で 人類を 自然界に帰す事が『新世紀』である。そうですよ…。　　　　　妙界の使者　虎

● 『新世紀』とは…？　その五

◎　人類史三千年で 初めて
　　迎える新世紀は来るのか…？
　　　☆人類が決める…？

☆　人類は 平和という言葉に…**騙**されている**戦争**
　の無い**平和**…**不幸**の無い**幸せ**は 無い。この意味
　分かる…？　なのに 平和を求めて南北や 東西に
　分かれて…戦っている。この**愚**かさに 全く気付
　かない 現代人達…。

☆　自然界の法則 人間を生きる**要**とは人類が心に
　『**徳**』を宿す。徳が宿れば 人間を殺す**武器**を持つ
　事に 人間が耐えられず…武器は**自然**に消えて行
　く。有り得ないと 思われる事が**自然界**の**妙力**で
　雪崩の如く**時**は動く。

☆　徳の哲学とは…**自然界** そのものである。『**冬**は
　必ず春が来る』是が **新世紀** 自然界の摂理であ
　る。『**徳**』を侮れば…自然界より**必ず**報いを**被る**
　事になる…。　　　　　　　　　**妙界の使者　虎**

165

● 『新世紀』とは…？　その六

◎　平等と人権に 少々触れてみる

　　ここは 新世紀の本懐かも…？

　　　☆それはどうして…？

☆　自然界の全ての生物は 雄と雌では 使命が違う。是が自然界である。『男女 平等』は自然界の法則に 相反している。人類滅亡の根幹は此に有る 男に子供が生めますか…？　自然界に『平等』と言う 語彙は無い。

☆　人間は 生まれ乍にして不平等…自然界は全て…不平等 男は男を 女は女を 生きる。是が自然界であり 人間を生きる事である。人間としての使命を果たして 初めて人権は有る。間違わないで…無銭飲食は 駄目よ。

☆　新世紀の哲学には…お詫びも 謝罪も 無いそれは何故か…？　自然界に間違いは無い。現代社会は 罰金や 刑期に因り 許されるが新世紀では 許され無い、人の道…。　　　　　妙界の使者　虎

● 『新世紀』とは…？　その七

◎　虎の目で見た 現代社会は

　　人間の住む 社会では無い。

　　　☆それは何故…？

☆　虎は 四十三歳で 蘇生した これから己の人生は

世の為に生きようと…何でも百十番関東法務協会

に勤務する。現代人は 傍から見れば 幸せそうに

見えるが…何処の家庭も悩みを持っている事を

肌身で感じた。

☆　依頼の案件には 常識では無い…身勝手な内容

が多い。協会の目的は…悪徳弁護士と八九三者を

退治する為に発足した協会だが ヤクザ者が助け

を 求めて来る。この業務で現代社会の裏を 己で

確かめる事が出来た。

☆　民主教育の間違いは 全ての事で競い合う競争

社会…この誤りを 根底からから覆す。人類は 競

争で無く『共存 共生』する事が新世紀の教えで

ある。その通り…。　　　　　　妙界の使者　虎

● 『新世紀』とは…？　その八

◎　人類は滅亡…御託を並べて居る

　　時間は無い　新世紀の文明を…。

　　　★虎は吠える

★　人類が 競い殺し合い 自然界を 破壊して来た罪に因り人類は今 滅亡に向かっている。世界中に蔓延する 感染病…ロシアの暴挙も現代人に為す術は無い。何故なら 自然界の報い…摂理である。さぁ～どうする…？

★　人類は 先進国から『滅亡』する。これは自然界の報い 道理法則…。人類史三千年の文明を 根底から『覆す』時が来た。人類の救済は 自然界に冥合した 虎が ここに顕す新世紀…『徳生文明』より 他には無い。

★　人類よ 目を覚ませ…旗幟鮮明…『徳』の旗の下に 集え。庶民よ 若獅子よ 新世紀の開闢だ…？これ以外 人類の存続は 無いと妙界の虎は吠える。貴方も吠えよう。　　　　　　　妙界の使者　虎

● 『新世紀』とは…？　その九

◎　新世紀とは 人生は永遠…

　　　貴方の今世は 来世である。

　　　　☆それは何故…？

☆　人間は 生まれ乍にして『容姿』が違う。今の
姿が貴方の前世である。是こそ 生命が永遠であ
る 証拠…自然界である。新世紀は自然界と人間
が 共存する人間社会を造る。人間は 自然界の家
族の中に生まれる。

☆　家族の中で 人間は育つが…現代文明では家族
より 個人の『人権』を尊重する。この間違いを
正して行く事が 徳生文明である。新世紀は現代
の養殖人種で無く 路地人間の誕生が 人類の存続
を守る 新世紀である。

☆　住居に於いても 日本の文化を守る…回り廊下
の平屋建て。高層ビルは 自然界に反し奇病難病
…長生きは無理…。人間は 地面で生きる 是が新
世紀である。　　　　　　　　　妙界の使者　虎

● 『新世紀』とは…？　その十

◎　是が…新世紀だ　自然界に相反した
　　現代文明を庶民で撲滅しよう…。
　　☆人類存続の為に…？

☆　平和　幸せ　自由　人権　平等を　**徳**で斬る。平和には**戦争**　幸せには**不幸**　自由には　**規制**　人権には　**義務**が伴う。人間は平等では**なく**必要な人に　必要な物を与え『**公平**』に成る人間社会を築こう…是が**新世紀**である。

☆　自然界には…**四季**が有る　人間にも有る。己の**四季**は　生誕から三年間は『**春**』である　そこから計算して　人生を生きる…。四季が春の時に『**新**』しい事を始めると　自然界に冥合する　無駄の無い人生が送られる。

☆　貴方の心に『**徳**』が宿れば　**一大危機**に…**虎の体験**では　願わなくとも瞬時に自然界が貴方を守る…。是が『**新世紀**』…自然界に冥合した『**妙学**』である。　　　　　　　　　　**妙界の使者　虎**

● 是が…『新世紀』だ…　その一

◎　人間とは何か…無限の欲望を
　　持つ生き物が 人間である。
　　　☆それは何故…？

☆　人間は 生きているのでは無い…自然界の中で
生かされている。己で生きているのであれば…老
いる事も 死ぬ事も無い。人間は生まれた時から
その人の 前世の因で 全て今世が決まっている それ
が自然界である。

☆　人間は 何時の世にも 君が居て 僕が居るこの意
味は 理解出来ないでしょう…。だが冷静に考え
れば分かる 己に『徳』が宿れば己の前世が 分か
るかも…？　人間は 前世の記憶を辿り 己で産道
を出て 母乳も飲む。

☆　前世の記憶は 自我の芽生と共に消される 人間
は各々が 今世の使命を持って生まれて来る。そ
の使命を悟り 生きる事が 人間を生きる 是が…新
世紀だ…。　　　　　　　　　妙界の使者　虎

● 是が…『新世紀』だ… その二

◎ 生と死は何か…必ず死ぬ この
人間が…死を目的にしない。
☆それは何故…？

☆ 人間は 生かされている。生きたくとも…生きる事は 出来ないが…死ぬ事は出来る。**人間を 生きる事**とは何か…**働く事**である。働くとは何か『**人間**』を 生きる事である。人生に 定年も 年金暮らしも…少々違う。

☆ ここで大事な事は 人間は一日でも**元気**で**使命**を果たし **長生き**をする事である。生きたくとも死ぬのが 人間…。古人の言葉にも『**例え智者成れど 若死にあれば生犬に劣**』との 妙言もある。この意味 分かる…？

☆ 人間を生きる事は…死んでは 行けない。綺麗に**紅葉**し **枯**れていくのが 人間 本来の姿である。来世は 可愛い赤ちゃんに生まれる**是が**…『**新世紀**』だ…。来世を楽しみに。　　**妙界の使者　虎**

172

● 是が…『新世紀』だ…　その三

◎　宗教とは何か 人類史上に本来の
　　宗教と言う 教えは有りません。
　　　☆それは何故…？

☆　宗教とは 人間の『**大元**』の教えである。宗教
　に 祈る対象物は無い…**自然界の法則が宗教**であ
　る。現代の宗教は…人間が 勝手に神仏を仕立て
　て祈る **邪教**であり是は**信仰**…人間の死後に 天国
　も 地獄も 成仏も無い。

☆　人間史 三千年は この神や仏に 騙されて来た。
　その結果は **必ず**死ぬ人間が**殺し**合う現代社会に
　なった。その上 **自然界**の全てを**破壊**　人間が住む
　大気圏を破り 宇宙空間迄汚した事で **自然界**は人
　類滅亡に動いてる。

☆　現代の世界に蔓延する **感染病**と…世界の人類
　が殺し合う **戦争**も…その一端である。この悪魔
　の教え 現代の**宗教**を『**根底**』から覆す 是が…新
　世紀だ…。　　　　　　　　　妙界の使者　虎

● 是が…『新世紀』だ…　その四

◎ 命とは何か…有る 無いの…
　　二つの概念では 顕せない。
　　　☆それは何故…？

☆　命とは生きて居るから**有る** 見えないから**無い**
　それが命…。人間の脳は体内に有る それは何故
　か…？　脳は肉体を守る為にあり体に**不具合い**が
　生じると **痛み**等で知らせる。腹が空いたら **空腹**
　感を知らせる。

☆　それでは **命**は 何処にある…？　**命と心**は体内
　には無い。だから脳は **命**を守れない。生きる事
　は…脳と心の葛藤で 人間は色々と悩みがある。
　命と心は『**裏 表**』一体である 現代人は 脳と心が
　敬遠の仲である。

☆　**命**とは…酸素の中に浮遊する **波形**である 波形
　を**心臓**が受信 人間は生かされている。その 生命
　の世界を 汚している事を 人類に諭す **是が**…**新世**
　紀だ…。　　　　　　　　　　　**妙界の使者　虎**

● 是が『新世紀』だ…　その五

◎　善悪とは何か…現代人には…
　　善悪の価値観が 分からない。
　　　☆それは何故…？

☆　現代人は 学校教育で…人間を生きる上の一番
大事な『要』になる 価値観を教えない 貴方は分
かりますか…？　民主教育は米国の正義で 是を
人間の正義と勘違いしている。因って 人間社会
の間違いが ここにある。

☆　大事な価値観を 教えられない民主教育で真実
を 正義だと思っている。真実は真実で善悪の善
では 無い。正義の為に…人を殺す間違いが戦争
である。真実だからと 正直に何でも表沙汰にす
る事も 正義では無い。

☆　悪い事と知って 悪い事をしている人は…未だ
救われる…。悪い事と知らないで 悪い事をして
いる 現代社会を『徳』の新世紀で正す 是が…新
世紀だ…。　　　　　　　　妙界の使者　虎

● 是が…『新世紀』だ…　その六

◎　教育とは何か…自然界に

　　冥合した 幼児教育にある。

　　☆それは何故…？

☆　教育とは…人間形成を 造る。人間と言う建物を建てるには…**基礎**になる **幼児教育**を徹底せよ。小学 中学は 矩体である 骨組を造る 教育の**原点** 人間教育は ここにある。高校 大学は一部の**専門職**を担う人が行く。

☆　民主教育は 幼児教育が『**皆無**』である。その人間が 現代社会を『**構成**』している…人間社会を見よ **競争 殺人 詐欺**…。こんな日本に誰がしたそれは人間として要に成る価値観の無い **民主教育**が原因である。

☆　人間は**一生涯** 成長しながら**枯れる**のが…自然界 人間である。現代社会は『**人生**』で一番元気な時期を 学問に費やす間違いを…正す **是が…新世紀**だ…。　　　　　　　　妙界の使者　虎

● 　是が…『新世紀』だ…　その七

◎ 　結婚とは何か これは…
　　　　人生で 一番大事である。
　　　　☆それは何故…？

☆ 　人生で 一番大事な**使命**『**子孫**』を残す為男女
　が結婚という約束で 共に生きる事…。曾ては **見**
　合い結婚が多かったが…**現代**では恋愛結婚が主流
　…此に 問題がある。愛には憎しみが…故に 恋愛
　結婚は**離婚**が多い。

☆ 　人種が同じ**本物**の**男**と**女**が 夫婦に成って一つ
　屋根の下で**一生涯の愛情**と 子供を**育む**事が 結婚
　である…。虎の人生体験では…？　結婚の絶対的
　な**禁忌**は 人種の違う**外国人**と結婚はするな…生
　まれた子供に **母国**は無い。

☆ 　子供を**二人以上**造る事が使命であり 親の都合
　で 離婚は許されない。人工**妊娠中絶**は立派な**殺**
　人行為である。結婚は 人類の存続 是が…『**新世**
　紀』だ…。　　　　　　　　　妙界の使者　虎

● 是が…『新世紀』だ…　その八

◎　新世紀とは何か…家族制度…
　　小さな『共同体』の復活を…。
　　　☆それは何故…？

☆　人類の存続は 子供を育む『家族制度』の復活
　にある。人間が生きる 地域社会の再生そして 日
　本国の独立である。日本は未だに米国の属国であ
　る。日本国が…真の独立を果たさ無ければ 人類
　の存続は無い。

☆　子供は家族を守る 住民は地域社会を守る 国民
　は国を守る 是が人間を生きる事である それには
　先ず人間が 自然界と冥合すれば…天災も 難病も
　戦争も 無くなる。現代人は科学に洗脳され 自然
　界の摂理を知らない。

☆　天災や 人間社会の災いは 全て 自然界が意図的
　に 起こしている。徳生文明が 人類に宿れば自然
　界からの災難は無くなり 人類を守る 是が…新世
　紀だ…。　　　　　　　　　　　妙界の使者　虎

● 是が…『新世紀』だ…　その九

◎　人類史上初めて 自然界の
　　法則を『徳の妙典』にて顕す。
　　　☆人類存続の為に…？

☆　**人類**は 自然界に反した**神仏**の教えの上に生ま
　れた文明と 科学に因り…**自然界**の全てを破壊し
　て来た。その**報い**で 自然界は人類の滅亡 湮滅に
　動いている。この**人類**を救う為自然界の法則を
　『**徳**』の一字に認める。

☆　**人間**を 生きる事は『**自然界**』と『**共存**』人間
　は『**共生**』して『**存続**』をする。是が人間を生き
　る事である。だが **神仏**の邪道で人類は 自然を破
　壊し 人間同士が 競い戦い人類は **今**…滅亡に向
　かっている。

☆　**人類**が 自然界の法則に **冥合**する 哲学を**妙界**の
　虎は『**二百七十一**』字の 四字熟語に認める。人
　類が**心**に宿せば 人類に**春が来る** 是が…『**新世
　紀**』だ…。　　　　　　　　　　**妙界の使者　虎**

179

● 是が…『新世紀』だ…　その十

◎　文殊の会とは…新世紀である
　　目的は人類の『存続』である。
　　☆人類の存続は…？

☆　人類は自然界に相反し 今…『焦眉の急』文殊
　の会 この発足無くて人類は滅亡する。会の目的
　は自然界に 冥合した哲学『徳』を心に宿し 人間
　社会に春を届け人類存続…。是は『自然界の法
　則』摂理である。

☆　文殊の会には 入会も 退会も 規約も無く小鳥も
　猫も 集う 正に『自然界』である。組織の秩序は
　…自然界の法則で 指導制とし文殊の会の指導で
　その人に『徳』が宿れば男は 妙界の使者 女は 妙
　界の天使とする。

☆　この 人類史上 初めての 自然界の法則に冥合し
　た 教え哲学…。『新世紀』の作品に触れ 求めて
　来る人のみに…説いて行くのが新世紀…文殊の会
　である。　　　　　　　　　　　　妙界の使者　虎

● 『言魂詩の本懐』　その一

◎　自然界に 神仏は存在しない

　　　人類は その末路で 滅亡する。

　　　　●それは何故…？

★　人類は…五百塵点劫と言う 計り知れない久遠の昔から『自然界』と 共存して来た。しかし…三千年位前に 悪魔が**神仏**を顕して人類は**進歩**したが 今世紀末迄に地球上から滅亡する 今や人類**終活**の時代である。

★　世界中に蔓延している 感染**病**や**緊迫**した世界の**情勢**は 自然界の摂理である。是らは全て神や仏を敬う 礼拝文明の末路である。この間違った文明を 覆さなければ…人類の存続は無い。全て自然界の戒めである。

★　礼拝文明を改めなければ 菌やウイルスは更に暴れて 人類を襲う。この人類の危機を救える教えは…**自然界の法則**を 哲学にした**徳**の**文明**を於いて 他に無い。　　　　　　　　**妙界の虎**

● 『言魂詩の本懐』 その二

◎ 人類は 先進国から滅亡する…

　これは 自然界の報いである。

　　●それは何故…？

★　一言で言うと『神仏』から生まれた 化学と言う化け物で 人類は『自然界』を破壊したこの間違い。神仏を頭にした人類は ここを間違えた。人間は 己の肉眼で見える世界と酸素の有る領域での生業は 許されるが…。

★　計り知れない人類史で 僅か三百年程前に生まれた化学に因って 生命の波形が浮遊する大気圏を 電波や電磁波で汚し…宇宙空間迄ヘドロと化す。故に 畜生の肉体に宿るべく生命が 人間に宿り 畜生人間に墜ちた。

★　様々な化学の発明は 先進国から始まったその報いで 先ず先進国が滅亡する。人類の滅亡は 最早…時間の問題であるが…これは自然界の摂理である。

　　　　　　　　　　　　　　　妙界の虎

● 『言魂詩の本懐』　その三

◎　自然界と価値観 そして
　　善悪に少々触れてみる。
　　☆ここは大事よ…

☆　人間を生きる上で 範疇にする既存の哲学西洋
　　哲学は 正価値に『真 善 美』…そして東洋哲学は
　　『美 利 善』… この価値観には難がある。**虎**は 人
　　間を生きる**正しい絶対的価値観**を正価値に『**動
　　功 徳**』と認める。

☆　人類が生きる **善悪**については…要にする**糧**が
　　人類史上に**無**い。此に難が有り 人類の目的が定
　　まらず 神仏の教えの宗教も目的を死の世界で ご
　　まかし人類は自然界の全てを**破壊**して来た。この
　　報いは 人類が被る。

☆　人類が地球上で生きて行く 絶対的**善悪**の**糧**を
　　…**妙界の虎**は 認める。**自然界**の法則に相反する
　　事は**悪**であり 自然界を守る行為は**善**に成る。**人
　　類**は**存続**である。　　　　　　　　　**妙界の虎**

● 『言魂詩の本懐』 その四

◎ 日本国は 敗戦後 民主主義で
　日本人の『要』を全て失う。
　●それは何故…？

★ 千九百四十五年 日本国は連合国軍に降伏**敗戦国**と成る。是を境に 日本国の先人達が長い年月を懸けて構築した **日本文化**が全て戦後民主主義に因って **失**われたと言っても現代人には分かるまい。今や日本人は…。

★ 自分達が 何処に向かって居るのかさえも分からず メディアに **唆**されて**動く** 愚かな**烏合の衆**である。民主主義は 人間としての羅針盤…要に成る **哲学**が無い。日本国民よ狂乱の日本**詐欺社会**を正せ。そして…。

★ 滅亡に向かう人類存続の為に 民主主義を正しこの**新世紀**の**哲学**を以て人類の存続を**絶対的価値観**にせよ。で…無ければ 人類は今世紀末迄に **湮滅**する。
　　　　　　　　　　　　　　　　妙界の虎

● 『言魂詩の本懐』　その五

◎　現代日本の民主教育とは…
　　　正に 最悪の教育かも…？
　　　●それは何故…？

★　民主教育は…人間形成を 造るのではなく進学
　が目的の 勉強である。違いますか…？　人間形
　成の基礎である 人間の**身**と**心**を正す**修身**が日本
　国**敗戦**に因り 廃止された。故に現代人は『基
　礎』の無い 建物と化した。

★　人間は自然界で生まれ 自然界の酸素を吸い自
　然界の**動植物**を 食べて**生**きる。自然界を守るの
　が 人間であるが…現代民主教育では人間教育で
　一番大事な**幼児期**に 大事な事を教えず **英語**に洗
　脳 デジタル漬けにする。

★　教育は先ず**自然界**を守り 人類は**自然界**と**共存**
　し **人間**は**共生**する。人間教育の根幹は人間を 生
　きる事『**動 功 徳**』…教育の要は『**倫 秩 道**』で
　ある。　　　　　　　　　　　　　　**妙界の虎**

● 『言魂詩の本懐』　その六

◎　新世紀では 人間の使命を
　　根底にした幼児教育をする。
　　　☆それは何故…？

☆　人間**教育**で一番大事な事は 進学ではなく人間形成を造る **幼児**教育である。人間は…**共存 共生 存続**する 人の道…それには先ず人類の存続に**貢献**する そして立派な**子孫**を残す。職業は…**衣食住**に関わる仕事…。

☆　子供は親の持ち物でも 玩具でもなく別の生命体である。親は**責任**を持ち 子供の人間形成が出来る迄 育てる事が…**使命**である。日本人なら独自の言語 **日本語**を正しく話し先祖が築いた日本**文化**と **歴史**を重んじよ。

☆　人間形成が出来た子供の将来は 自然界に守られる。**次世代**の学問は **自然界**の**法則**に**冥合**した**教材**で学ぶ。与えられた…現代の教材では…人類の**存続**は無い。　　　　　　　　　　**妙界の虎**

● 『言魂詩の本懐』 その七

◎ 言魂詩の核心に 日本文化を
　通して 虎が 触れてみる。
　☆ここは大事よ…㊟

☆ 日本の文化には『人の道』が有る それは**自然**
を守り 国を守り…**命**を守る。人の道の文化とは
『倫 秩 道』…。文化の道は 茶道 華道 書道 柔道
…全ての**生業**には 道が有る是は世界で唯一**太陽**
の国 日本以外に無い。

☆ 国は愛するのではなく 尊ぶ。愛は憎しみに変
わり 命を奪う戦争が起こる…世の**万物**には全て
命が宿る。未だ 使える車を 末殺する**廃車**は **社会**
に報いが…妊娠**中絶**は…**個人**が報いを被る。新世
紀は この文化を覆す。

☆ 人類が『**自然界**』を守る事は 当たり前…人間
の本能であり 教える事では無い。人間は**神仏**で
本能迄 **失**った この文明を覆すのが言魂詩の『**本
懐**』である。　　　　　　　　　　**妙界の虎**

● 『言魂詩の本懐』　その八

◎　僅か 三十年後の日本人は…

　　平均寿命が 五十歳に成る…？

　　　●それは何故…？

★　乳児期に母乳を飲まず 牛の乳で育てられ添加物と遺伝子組み替え食品が 肉体を蝕み奇病難病癌も増加する。化学薬品が細胞を破壊 脳は退化し 若年性認知症 老化も加速…民主教育で人間教育欠如 人種交雑が進む。

★　要因の一番は スマホやGPSで体を守る脳が麻痺 痛みや空腹を知らせない。スマホ三世で 人間の脳は役目を放棄する。女性の体が 女で無くなり 人間が 工場生産される時代の到来 科学は暴走し 限界を迎える。

★　この間違った 文明文化を覆す教え哲学は人類史にも 現代社会にも…新世紀の哲学を於いて 他に無い。人類湮滅か…存続か…は貴方が決める…どうします…？

　　　　　　　　　　　　　　　　妙界の虎

● 『言魂詩の本懐』 その九

◎ 新世紀の教え 徳の哲学が 日の目を
　　見れば 自然界が大きく動く…？
　　　☆それは何故…？

☆ 徳の哲学は 自然界の法則である。因って人間
　が人間を裁くのではなく 自然界が人間を裁く故
　に 人間社会に法律は要らない…？ 徳の教えで
　は 自然界の法則に背反した人は自然界より 必ず
　報いを 受ける事に成る。

☆ 現代人は…非科学的な事は 否定をするが虎は
　己の人生で体験した。『徳』の教えに詫びや 謝罪
　は一切許されない。この意味が現代人には 理解
　出来なくても…これが正に自然界の法則 新世紀
　の哲学『妙学』である。

☆ 悲しい事だが 現代文明には人間の絶対的価値
　観が無い。人間が施行した 法律に触れなければ
　善行だと 自分勝手に思い込んでも自然界の法則
　には 相反する。　　　　　　　　　　妙界の虎

● 『言魂詩の本懐』　その十

◎　人生に『徳』を宿すには…？
　　徳の教えは 祈る宗教では無い。
　　　☆どうすれば徳が…？

☆　先ずは 貴方の部屋に『徳』の額を掲げて朝の
　挨拶を 徳にする。部屋に徳が馴染めばその日の
　出来事を 徳を見つめ乍 毎日 語り掛け報告すると
　『徳』は 貴方の『分身』に成り 何かを感じる。
　それが自分で分かる。

☆　貴方の心命に『徳』が宿った事を 自然に感じ
　られる。それは『徳』が貴方に 微笑み掛けて来
　る この不思議…？『徳』が貴方に宿っても 病気
　には成るけれど…その病気は春 夏 秋 冬 移ろい
　の如く 完治する…？

☆　徳が貴方に宿れば 人生で『絶体絶命』の危機
　に お願いをしなくても『徳』が瞬時に貴方を守
　る。この教え哲学こそが 言魂詩の本懐である。
　虎の体験では…。　　　　　　　　　　妙界の虎

● 『虎 心して謝辞』 その一

◎　虎の会社幹部に背中を押されて
　　関東に出陣…出会いに感謝する。
　　　☆それは何故…？

☆　千九百七十一年 十二月三十一日の早朝…虎が徳島で経営する 会社幹部と取引業者に見送られ妻と車で目的地は決めず出発…。海老名で日没を迎え 川崎港からフェリーに乗船…着いた町が 千葉県の木更津である。

☆　新年を迎えた一月二日…木更津駅 東口で正月早々営業する 不動産屋に 虎は入る。社員の渡辺宜治さんに事情を話すと 社長の徳生盛也さんが来て 面識も紹介も無い虎に駅前の新築借家を 心良く用意してくれた。

☆　関東に来ての門出…御二人から その後も御支援を戴く。土地感に疎い町で 建設業を開業出来たのも 徳生社長と渡辺宜也さんの御陰であり虎は心より感謝する。　　　　　　　　　妙界の虎

● 『虎 心して謝辞』 その二

◎ 虎は 四国から関東の土地に来て
　　初めて出会った青年に 感謝する。
　　☆それは誰…?

☆ 虎の故郷**徳島県**から妻と二人 千葉に来て**即** 出会った 若干二十歳の**泉水光男**青年は虎と 五十余年間の人生を歩む。虎の勧めで住宅分譲地を購入 建設業を始めた**虎**が彼の**家**を**新築** 長〜い二人の付き合いが始まる。

☆ 彼は虎を 守っている。虎の文化活動では日本国内は元より**海外**迄同行 正に自然界が授けた **妙界の使者**かも…。海外の公演では**浄財**の援助も… 彼の存在なくして 虎の人生は語れない。**善良**な彼の**御家族**に 感謝する。

☆ 今後も虎の人生に於いて 彼の存在は益々重要な役割を 担うだろう…。**言魂詩**の場を借り『**五十余年**』もの間 虎を見守って居る**泉水光男**青年に 感謝する。　　　　　　　　妙界の虎

● 『虎 心して謝辞』 その三

◎　虎は関東で 住居と 仕事も決まり

　　徳島の会社に近況報告を早速する。

　　　　☆虎は使命に生きる

☆　虎が後を任せた幹部達は **大型**トラックを仕立て 虎の**愛車**と **家財道具** 会社に残した**現金**を持って 木更津に来る。だが今の虎に愛車クラウンは 必要無い 持って帰えらす。**奥空幸男氏**と **社員達**に心から**感謝**する。

☆　その後『**有線テレビ**』部門を 任せていた**立石良介氏**から 連絡が有る。虎に『**社長**…スタジオを**新築**した 見に来て』と…その後『**撮影**した**映像**を 見て欲しい』と知らせを受けた…。虎を慕う 元社員に**感謝**する。

☆　虎が居なくとも…頑張った 元社員達…。関東に来てからも 地元の方々より御支援を戴く虎…。**自然界**に**感謝**し 己の使命実現に**新天地**にて頑張る…。　　　　　　　　　妙界の虎

● 『虎 心して謝辞』　その四

◎　虎が関東で始めた 建設業…
　　地元の住民に… 感謝する。
　　☆それは何故か…？

☆　虎は建材を現金で買っていたが 建材店の社長から『現金で無く 掛で良い』暫くして虎は更に耳を疑う。真新しい『二屯ダンプオメエにくれてやる』と言った 新栄建材の山口社長に 心から感謝する。

☆　建設業を始めてから次々と 不思議な事が起こる。最初の増築工事の 建築許可申請を出すと 施主は許可を下ろす東京都建築指導主事…。建設業の認可申請をすると 千葉県土木課長が…新築施主である この偶然…。

☆　東京都 建築指導主事の 川越邸と 千葉県土木課長の山本邸…。虎は この二軒の建築工事で…建設業の信頼を得て 道が開けた。御両名に 心より感謝する。　　　　　　　　　　　　　　妙界の虎

● 『虎 心して謝辞』 その五

◎ 良く知らない関東での建築業に
周囲の協力と施主に感謝する。
☆どうしてなの…？

☆ 虎は**先**ず 物事の成功を**決**めてから…**後**で**方法**を考える。作業場は 大家さんの空き地 職人は大工の従兄弟が 職人を一人 連れて手元には 虎の会社の幹部親子と…弟二人が虎に弟子入り。これで事は**前**に進む。

☆ 建築には色々な下職がいるが 畳職以外は自社施工…。**社名**は青年時代 英語に狂った名残か『ホーム サービス』…。虎の建物が好評で 自然に**日鉄指定業者**…幹部の邸宅が**何故**か虎の友人泉水邸の真向かいである。

☆ 築**四十五年**後の今でも 施主の**星野部長**の手入れが良く **新築同然**に輝いている。虎は**泉水邸**に行く度 当時の己に返る。**星野**様に虎は心より 感謝をしている。　　　　　　　　　**妙界の虎**

● 『虎 心して謝辞』 その六

◎ 　虎 六十五歳で就職した会社の
　　同僚…素敵な人達に感謝する。
　　　☆それは何故…？

☆ 　七十八歳迄 勤めた会社と 送別会に 少々触れる。出張土産に**名酒**を 本社の**田中社長**正月**餅**を**安蒜君** 父の日に『ありがとう』のお**酒**を**小堀**君 十三年間 虎の**好物** 雪の宿と旬の**珍味**を戴いた **平戸**婦人に感謝する。

☆ 　**送別**会は 会社と社員で**二回**…。お別れに**竹**の手作り**灰皿** 虎を**親父**と慕った**四宮**君…虎の好きな**煙草**を **連見**君…お米を**大池**さん**館**造りの**床板材**を **堀内部長**…一人の**助っ人平戸**様…。奇特な会社の人達に **感謝**する。

☆ 　虎の人生で 初めて虎の制服『**作務衣**』を記念に **仕立**ててくれた **平戸**様には 使命を諭される。虎と出会った 皆様方には心から『**感謝**』する…ありがとう。　　　　　　　　　　**妙界の虎**

● 『虎 心して謝辞』 その七

◎ 虎 八十過ぎての今も 妙界に
　　守られて居る事に 感謝する。
　　　☆それは何故…？

☆　虎は今 **成田**空港**燃料**供給**施設**ナリコーの一番ゲート『**JFE**』の腕章を腕に 虎一人警備をして居る。ここでも **監督**や**関係者**の温かい行為に**感謝**…。この場所は 不思議と**自然界**の生物達との**出会い**も有る。

☆　雨の早朝 **虎**が 敷き鉄板上で滑り **怪我**…居るはずの無い**監督**が居て **代り**にゲートの**警備**を…。**正月**早々 **大雪**が降ると**休日**にも関わらず 虎の行動範囲を…便所迄…**雪掻**きこの身に余る…監督の**行為**に感謝する。

☆　**虎**は この現場で大変お世話に成った施主成田空港様…施工のナリコー JFE様…。空港関係企業様を**代表**して 警備を授かった**JFE総監督**に感謝致します。　　　　　　　　　　**妙界の虎**

● 『虎 心して謝辞』 その八

◎ 虎の命を守り 使命を
　　諭した妙界の使者に感謝…。
　　☆それは誰なの…？

☆ 虎は 小脳動脈瘤が裂けて**死**を待つ病院の特別
　室…付き添いで **世話**を戴いた**看護婦**の**江尻春代**
　さん。大阪国立 循環器病センター十三時間に及
　ぶ小脳開頭手術 **執刀**は脳外科**菊地部長** 後の**京大**
　教授に 虎は感謝する。

☆ 身障者の虎に 仕事を与えた**小仲井**議員…後に
　後援を賜った **千葉県** 教育委員会様…公演会で
　NHK**坂本**会長に **直筆**祝辞を戴き今も**保管**する。
　激励戴いた 日本船舶振興会**笹川**会長の**名刺**を 虎
　は今でも**肌身**に持つ。

☆ 韓国公演で **朴クネ**氏は<ruby>虹<rt>ブジゲ</rt></ruby>**劇場**…公演会で**金詠**
　三 国会議員は祝辞と花輪…後に**両名共大統領**に
　就任…。虎の人生に 是らの恩人を巡り会わせた
　自然界に感謝する。　　　　　　　　**妙界の虎**

● 『虎 心して謝辞』 その九

◎　古道具や廃材…動植物に

　　虎は…心より 感謝する。

　　　☆それは何故…？

☆　著者は場末古道具屋から 虎が連れ帰った千九百九十四年製 東芝ワープロルポ…徳の館建築では 三十年前のホンダ発電機が活躍資材は 捨てられた廃材…。入口の欄間には四千年 地球の宝 縄文の杉…？　そして…。

☆　勤務先に 片足の野鳥が現れて何かを諭す人類滅亡の警告か 鳥の祖先は恐竜とか…。野良猫も居たが…或る日 尻尾を切断されて現れ片足の鳥と仲良く成るも 共に姿を消し後に番い鳥が 雪や雨でも虎の出勤を待つ。

☆　その小鳥達も去り 虎が撮影をした写真…尻尾を切られて 虐待された野良猫は人間の残酷さを命に代え無言で訴え立ち去った。この野良猫に…虎は 感謝する。　　　　　　　　妙界の虎

● 『虎 心して謝辞』 その十

◎ この項目での『謝辞』とは…

　　虎の人生…僅かな一部である。

　　　☆虎 全てに感謝

☆　虎が四十三歳にて蘇生してから 十年間の芸能文化公演会…。『藤間流』家元を始め関東にて『百七十団体』民舞家元や 会主の先生方の御支援で 日本国内では二十九回…公演会は全て成功…。関係者に感謝する。

☆　虎も一度だけ失敗か…？　千葉市民会館で公演会の朝…頼んでいた 所作台の手伝いが開演時間に 間に合わない。虎は奈落に降り考えて舞台に登ると 所作台は敷かれていて吉村先生が笑顔で虎を迎えた この感謝…。

☆　日本芸能振興会…発祥の地 船橋市にある芳以流家元は 虎の千葉での母親に成り家族同然 お世話に成る。家元の遺影を徳の館に飾る。『お母さん』ありがとう。

　　　　　　　　　　　　　妙界の虎

● 『虎の独り言』 その一

◎　人類の存続は 日本人が

　　日本の故郷に帰る事…。

　　　★先ずそれから

★　人類は 地球に存在する生物…。日本国の歴史は 今年で二千六百八十二年…。皇室も 又然り…その日本国が 僅か三百年足らずの国に敗戦…魂迄 奪われ自然界に存在しない交雑人種が 世界の表舞台を飾っている。

★　人類史上で 最高の歴史を誇る…太陽の国日本国が表を飾り 始めて人類は存続する。是が自然界の摂理…。現代は 真の日本人が居ない。日本人が 日本の故郷に帰る事から人類の存続…この『新世紀』は 始まる。

★　虎は 己の目で日本人の崩壊を見て来た。曾ての日本家屋に鍵は無く 引き戸を開けて入ってから挨拶…是が 日本人である。虎は現代社会を 覗いてみる。　　　　　　妙界の使者　虎

● 『虎の独り言』　その二

◎　民主教育で…ここ迄 狂った

　　日本社会に…未来は…？

　　★ありますか…？

★　日本国憲法は 要に成る核が無い。因って民主教育で 国民は『倫 秩 道』この紊乱…人の道に悖_{もと}る。日本の政治は 与党も野党も毅然とした哲学が無い。多数決では 真意の政治は出来ない…この意味分かるまい…？

★　民主教育で自由 人権 平等 この面表紙に騙され 学問を身に付けた 欠陥人間が 昨今社会の中枢に成り 日本国を操っている…。国民は堕落の道を辿り 米国文化に洗脳され言わば『日米人』であるが 自覚は無い。

★　民主教育で育った 現代を生きる日本人は今の社会に満足しているか…？　虎は国民に問う。新世紀では『民主教育』を 根底から自然界の法則で 斬る。　　　　　　　　　妙界の使者　虎

● 『虎の独り言』 その三

◎　現代日本社会の価値観は全て
　　『人の道』に 相反している。
　　　★それは何故…？

★　人類の目的とは『何』か…？　日本国民と有識
　者に対し 虎は問う。**平和でも 幸せでも 進歩でも**
　無く **存続** であるが 人の道を外れ目的を間違って
　いる。価値観と 哲学が無い日本国民よ『**日本
　人**』本来の故郷に帰れ。

★　日本人の故郷とは 全ての**動植物**を照らす**太陽**
　…『**天照大神**』である。日本の**国旗**は何故 日の
　丸なのか…？　虎の**名前**は 厳粛な儀式の下に 天
　照大神の『**神札**』にて授かり自然界の法則を
　『**徳**』の一字に認めた。

★　信じる信じないは別として 部屋の片隅に**徳の**
　額を掲げ貴方の**分身**とし **人生**を送る。貴方に
　『**徳**』が宿れば 顕す言語は無いが…日々…楽しく
　成る。　　　　　　　　　　　**妙界の使者虎**

● 『虎の独り言』　その四

◎　民主教育で 育った現代人には
　　敗戦後の日本国復興は無理…。
　　★それは何故…？

★　人類史を見よ 利便性を求めれば…便利に成れ
　ば成る程 その**代償**とし未曾有の**危険**を必ず 被る
　…。是が『**妙学**』自然界である。人間の都合と勝
　手で 自然界を**破壊**して来た**報**い そして**罰**…是は
　自然界の摂理である。

★　日本国が原**爆**や空**襲**で 焦土と化したのに何故
　復興出来たのか…？　日本国民に問う。海外や
　行政から **何一つ** 支援や援助も**無**い焼野原の日本
　が **僅か十九年**で**新幹線**を開通**五輪**の開催…。是
　ぞ正に『**妙学**』である。

★　妙学に**相反**する行為が **民主**社会であると言っ
　ても…敗戦後の民主教育に因り 狂った現代人に
　は **分かる**まい。自然界に相反した**科学**の**限界**が
　虎は見える。　　　　　　　　　**妙界の使者 虎**

● 『虎の独り言』　その五

◎　スマホや…GPS AIは…

人類滅亡への贈物かも…？

★それは何故…？

★　スマホは一体 何処の国の誰が発明をして**特許**は誰が **保有**するのか。世界で同時期に発売されるも 有識者は…核心に触れない。そして**CP**は**アミダ籤**(くじ)…最後は**死を引く**…スマホは 人類滅亡の階段登る**片道切符**…。

★　人類は**スマホ三世**で脳ミソが壊れ お終い日時は 虎にも言えない…自分で計算せよ。**デジタル人**は何でもスマホや GPS AIに頼り体を守る**脳** 考える**脳** 生殖の**脳**が 衰えて人間が人間で無くなる 其だけの事である。

★　さぁ〜どぅする〜？　人間辞めますか…？　是は人間を **揶揄**してない…自然界の法則を妙界の**虎**は 諭している。**選ぶのは貴方自身**『**徳**』を宿せば答えが出る。　　　　　　**妙界の使者 虎**

● 『虎の独り言』 その六

◎ **男女平等で 人類は滅ぶ**

　　人間に何一つ 平等は無い。

　　★それは何故…？

★ 　男女を問わず 何もかも平等は無い。是が自然界の摂理であり 人間は生まれた時から容姿が違い 死ぬ時の年齢も死に方も違う。何故違うのか…科学で説明出来ますか…？　新世紀の『妙学』では 明確な答えが出せる。

★ 　男は表から女を守る 女は裏で男を支える是が自然界である。女が表に出れば 人類は滅ぶ。現代は 男女平等…女が政治や社会の表に出て…男が介護 看護 保育 育児休暇…この間違いに因り人類は滅亡の道を辿る。

★ 　是らは全て 人間教育の皆無な欠陥人間が為した 政治の結末である。自然界の摂理に背反し使命を忘れた日本人よ 目を覚ませ…人間社会の大局を見よ…？　　　　　　　**妙界の使者 虎**

● 『虎の独り言』 その七

◎　政治家よ 人類を滅亡させる

　　　宗教法人を 今こそ廃止せよ。

　　　★それは何故…？

★　人類史三千年…宗教の間違いを 正す事が虎の使命であり 再三に渡って認めているが**宗教**とは**自然界**の**道理法則**である。この度特定**宗教組織**の行為が 問題視されている。現代宗教は全て 対象物に祈る**邪教**である。

★　今こそ…現存**宗教法人**を廃止する 最高の時かも。**与野党**で議決すれば **人類史**に残る**一代改革**に成る。既存の宗教法人を 廃止…人類存続を 目的にした『**人存法人**』の設立公認すれば 世の中は大きく動くかも…？

★　現代社会の**生業**は 全てが自然界に**背反**し間違っている。先ず 人間の『**大元**』の教え**宗教**から**教育**を…**段階的**に 正して行く事が国家**政官**の使命である。

　　　　　　　　　　　　　妙界の使者 虎

● 『虎の独り言』　その八

◎　虎は 現代文明に於いて 何か
　　褒められる物はと考えたが…。
　　　★何一つ 無い…

★　人類は 人間本来の目的から逸脱をして…信念
　が皆無である。必ず死ぬ人間同士 殺し合う事 人
　間の『余興』お遊びのスポーツや芸能で 大馬鹿
　騒ぎ。この人間達を英雄扱い報道する媒体に対し
　て 虎は物申す。

★　日本国は 教育から企業迄…全て競争社会こん
　な日本に誰がした…？　敗戦占領下では仕方な
　かったが 昭和五輪後 国民は 日本国に帰る時を逃
　した。民主教育に因り 骨の髄迄腐れた 団塊人が
　…日本国を破壊する。

★　日本独自の文化 浪曲 昭和の演歌 人類で最高の
　日本語も…団塊二世で 英語交じりの日米語…。
　日本での英語使用は 日本文化を冒涜する 悲しい
　かな非国民である。　　　　　　妙界の使者 虎

● 『虎の独り言』　その九

◎　貴方様に『徳』が宿れば
　　　『自然界』が貴方を守る
　　　★是が人間哲学…？

☆　徳の哲学とは 史上初の自然界に冥合した**人間哲学**である。虎の人生で 人間の許容を超越した**二つの目**が 別々の物体等を見たり肉体に**無い目**で **別世界**も見たりした。**虎**の体験から 徳の哲学を**自然界**より授かった。

☆　**虎**を誹謗中傷するなら 己自身で**論理的**に破砕出来る『**哲学**』を顕してから反論せよ で…無ければ 自然界の報いを貴方は被る。この意味 分かるまい。**虎**の怪奇な**体験**から**前もって** 現代人に対し 忠告する。

☆　**虎**が 自然界より授かった『**範疇**』にする価値観は 正価値に『**動 功 徳**』反価値には『**死 罪 罰**』世の生業を **二百七十一**文字の**四字 音読熟語**に認める。

　　　　　　　　　　　　　妙界の使者 虎

● 『虎の独り言』　その十

◎　さぁ～『徳』を宿して

　　貴方が築く 新世紀…？

　　☆是が人生かも…？

☆　民主教育で忘れられた 自然界が与え許す役得が有る。人間夫々職種 立場毎に特別な役得が…。国家を司る大臣は 大臣職だけの役得が…。死体処理する隠亡は 隠亡だけの役得が…。全て自然界が与えた徳である。

☆　虎は人間が 己の心に宿す徳を…六十六の音読四字熟語で 徳の妙典に 顕している。今世の人生は『徳』を追い 自然界と共存し人間は 共生し人類の『存続』を願う。この世紀の事業で貴方の人生と 歴史を変える。

☆　老人や若者に 瞬間的な幸せではなく永遠の幸せを 庶民で築く…『新世紀』で届ける。徳の文明を世界中の人類に送る 文殊の会…ほな さいならぁ～。

　　　　　　　　　　　　　　妙界の使者 虎

● 『文殊の会』…発足　その一

● 自然界に『背反』する

　　民主教育に因り 洗脳された

　　　人類は今滅亡の崖っぷちで

　※喘いでいる その人類を救助する

文殊の会

● 『人類史上』…初めて

　　自然界の『道理法則』を

　　　哲学にした『新世紀』で

　※人類に『春』を届ける 文殊の会

　　● 乞う ご期待…？

● 『文殊の会』…発足　その二

◎　文殊の会…『発足』の目的は…

　　　滅亡する 人類の『存続』である。

　　　☆それは何故…？

☆　人類は…五百塵点劫と言う 計り知れない久遠の昔から 存続して来た 人類に 今から僅か三千年位前 釈迦の仏教が誕生する…。二千年位前に 基督の神教が誕生…日本では八百年前に 日蓮の法華教が誕生する…。

☆　釈迦は 人間死ねば 極楽に…基督は 天国 日蓮は成仏する この三大宗教は人間が死を目的にする 教えである…。自然界の法則に冥合した『徳』の文明では 死は生まれ替わり肉体は朽ちても 生命の永遠を説いている。

☆　結論は 生命とは永遠…何時の世にも君も私も僕も 存在する。前世の記憶は 貴方が己を意識する…三歳前後で 消される。是が文殊の会の 人間哲学である。　　　　　　　　　　東 文殊

● 『文殊の会』…発足　その三

◎　人間生活で一番大事な目的と
　　価値観の無い 現代人達…。
　　　☆その理由は…？

☆　先ず 結論から入る…。人類の『存続』に貢献
　する行為は 全てが 善であり 背反する行為は 全
　て悪である。人類は存続に絶対的価値が有るが…
　現代社会の生業は 存続では無く 全てが自然界の
　摂理に 相反している。

☆　真実は真実であって 善悪の善では無い。現代
　人達は 人間としての絶対的な価値観が全く無く
　社会は惰性で動いている。議会も全て真実を追及
　する。臭い物には 蓋をする事が 善悪の『善』に
　成る事もある。

☆　過去の西洋 東洋哲学は 言葉の お遊びに過ぎな
　い。文殊の会では 自然界に冥合した価値論を 文
　殊哲学…『徳の妙典』に於いて詳しく 人間哲学
　として 顕す。　　　　　　　　　　　　東 文殊

● 『文殊の会』…発足　その四

◎　日本国憲法の 間違いを
　　自然界の法則に 照らして正す。
　　　☆それは何故…？

☆　先ずは 敗戦で米国に 強制された 憲法に人間が
　生きる上で一番『要』である 家族の項目が 条文
　に謳われてない。人間は家族の中で 生まれ 育ち
　成長する。違いますか…？　日本国の全国民に対
　し 改めて問い掛ける。

☆　規制の中に自由は有る 人権は国民として義務
　を果たし 行使出来る。日本国の自由は放任であ
　り 無銭飲食…。この憲法にて育ち成長をした 日
　本国民…現代の世相を見よ。騙し合い 欲望で蠢
　く 畜生人間と化した。

☆　日本国の憲法は 日本国家滅亡『最悪』の憲法
　である。『草案』から 至急改正せよ。草案は 明
　治天皇が認めた…『教育勅語』がこの時の為に
　眠っている。
　　　　　　　　　　　　　　　　　東 文殊

● 『文殊の会』…発足　その五

◎　民主主義の…間違いを…

　　文殊の会は…根底から正す。

　　　☆それは何故…？

☆　先ず**敗戦後**の民主主義は **人間形成**を造る一番 **軸**に成る**教育**が **皆無**に等しい。因って民主社会 で 人間が壊れて逝く現実を…虎は己の目で **七十 余年間**見て来た。その様子を『**団塊の沿革**』とし て 認めている。

☆　日本国の民主教育には…人間が 核にする価値 観『**倫 秩 道**』に 悖る。正常な人間の選ぶ **民主 主義**は…正しいが…**幼児期**の人間教育が**皆無**な国 民が 選ぶ民主主義の**誤り**は**現代社会**に 立派に**証 明**されている。

☆　**文殊の会**は 小学校で『**人間形成教育**』と日本 語教育を徹底する。中学校は 一般教養後は **専門 学校**…。**大学**は**不要**『**人間**は**生涯勉強だ**』人類は 『**存続**』である。　　　　　　　　東 文殊

● 『文殊の会』…発足　その六

◎　若者達は 何を目的に 生きて
　　行けば良いのか分からない。
　　　☆それは何故…？

☆　羅針盤なき**若者**は 何を**目的**に進むべきか分からない。社会は 好きな仕事をせよと…**人類**の**存続**に 貢献する**職業**を…挙って選ぶ事が 人間だ。現代社会を見よ…スポーツや娯楽の芸能に群がる媒体…この馬鹿者…。

☆　先ず**人間**は…元気な若い時に 己の**子孫**を残せ。職業は 社会に貢献する『**実需職**』を選べ…それが『**人間**』を 生きる事である。人間は『**己**』で生きているのでは 無い事を忘れ無ければ…**自然界**が貴方を**守る**。

☆　未来を担う若者よ 自然界を守れ。人類史三千年…神仏に騙され…人間の都合 勝手で更に**自然界**を**破壊**すれば 人類は**滅亡**する。**人類**は 存続に**価値**がある…。　　　　　　　　　東 文殊

● 『文殊の会』…発足　その七

◎　自然界は人類の滅亡の為に

　　　色々な『使者』を送っている。

　　　　★それは何か…？

★　デジタル…スマホ GPS にマイナンバーこの仮
　　面悪鬼に 感染病…。子孫を残せない『多様性人
　　間』異常気候に自然災害 人間が殺し合う戦争
　　…。癌に難病 若年性認知症は益々増えて 遊びの
　　生業に 群がり集う。

★　時代の流れでは 済まされない。コロナの件に
　　関しても…有識者は 肝心な『目的』を探求せず
　　に闘う。目的が分かれば コロナは治まる。人間
　　は 自然界で生きているのでは無く『生』かされ
　　ている…此が核である。

★　今こそ法廷政治を 刷新…。自然界に融合冥合
　　した政治家を 自然界は必要としている『徳』を
　　宿した…政治家の誕生無くて 人類存続は無い事
　　を警告する。　　　　　　　　　　　東 文殊

● 『文殊の会』…発足　その八

◎　敗戦国…日本国の

　　政治家に…喝を送る。

　　　☆防衛費の増額に…

☆　庶民の細やかな楽しみ　煙草は農業…脳の栄養
　　に…煙草以上の　妙薬は無い。日本国の戦後復興
　　は　今日も元気で煙草が旨い…何故癌患者が増え
　　たか…？　防衛費増額は他国が潤う。先ずは　公
　　務員の賞与を廃止せよ。

☆　公務員達は　左団扇の富裕層…。実需職の職人
　　は　賞与も退職金も無い貧困層…職人が潤わなけ
　　れば　日本国の発展は無い。戦後の復興は　実需職
　　が表を飾ったが…今は遊びの余興が　表を飾る　こ
　　の間違いを正す。

☆　人類が…『自然界の法則』を　哲学にした人間
　　社会を築かなければ　人類存続は無い。文殊の会
　　は　庶民で　新時代を築く。それが新世紀の開闢で
　　ある。
　　　　　　　　　　　　　　　　　　　東 文殊

● 『文殊の会…』発足　その九

◎　文殊の会は 現代思想の…

　　唯物 唯心 観念を全て破折する。

　　☆それは何故…？

☆　当会が諭す哲学とは **自然界**の **道理法則を核心**
にした **人間哲学**である。礼拝文明にて滅亡に猛
進している『**人類**』を救う 世界で**唯一無二の教**
え 哲学であるが 信じる 信じないは 貴方次第…
自由である…。

☆　人類史初の自然界に冥合した この教えは**野鳥**
や 野良**猫**…色々な**動植物**の振る舞いが虎に **教え**
諭し 東芝ルポ嬢が 活字で顕す。**元旦**の太陽も **翼**
を広げて **虎**を **歓迎**する。是らの写真は **徳の妙典**
に 無修正で顕す。

☆　この自然界に冥合した**徳の文明**で 滅亡に向か
う人類を **文殊の会**は救う…。日本国から全世界
に流布する **人類救済**に賛同を乞う。**使命**ある 庶
民よ集え。　　　　　　　　　　文殊の会　東 文殊

● 『文殊の会』…発足　その十

◎　敗戦後の民主教育で…
　　日本国から…日本人が消えた。
　　★それは何故…？

★　一例を挙げる。敗戦後の食料も 何も無い昭和二十二年〜二十四年 日本女性は…毎年**二百五十万人**の子供を生み育てたが **現代**の**日本**女性は**一年間**に僅か **八十万人**を切る。この違いは何か…現代『**女性**』に問う。

★　何の支援も 食料も無い…**敗戦後の復興**は僅か十九年で…**新幹線**を 開通 **東京五輪**を開催した。**主役**は 大正〜昭和一桁生まれの**日本男児**…『**民主教育**』で育った 現代人と何が違うのか…現代の『**男性**』に問う。

★　現代人は 何が**善**で 何が**悪**かを 判断する価値観もない。民主教育で **体**のみ**成長**した己の感情で生きる**欠陥**人間を…**文殊の会**は自然界に**冥合**した人間に育てる。　　　　　　　　　　東 文殊

● 『妙学』で…新世紀を　その一

◎　人間が 史上初めて 体験する **人類滅亡の階段**を 転がり落ち…殺伐とした**現代社会**が物語っている。だが 現代人達は**スポーツ**や**戯事**で騒いでいる。滅亡が早いか **新世紀の開闢**が早いか…？
滅亡は **今世紀 後半**…？

★　是は 自然界を侮った**人類**の末路かも…？

遠で…新世紀の『開闢』を

◎　**日本国民**と 人類に『**虎**』は改めて問う。**スマホ** GPS ネットは **何時**まで使えると思いますか…？　自然界を壊す…宇宙の坥（ゴミ）…人工衛星は **太陽の活動周期で破壊**される…その時 **自然界**を破壊する人類に何が起こる。

★　それは 全てが『**無**』人類の滅亡である。

● 『妙学』で…新世紀を　その二

◎　世の生物は 全て自然界を
　　守る為に「存続」している。
　　　●新世紀 とは…？

一、新世紀の政党は
　　　　人類の存続を軸にした政党の発足。

二、新世紀の教育は
　　　　人類の存続を要にした教育に改革。

三、新世紀の社会は
　　　　人類の存続を幹にした社会に改革。

四、新世紀の人間は
　　　　自然界の法則に冥合して生活する。

五、新世紀の善悪は
　　　　人類存続に相反するか否かである。

六、新世紀の目的は
　　　　人類は…自然界と共存し存続する。

七、新世紀の哲学に
　　　　同性婚は無い 人類の 滅亡である。

● 『妙学』で…新世紀を　その三

◎　日蓮は 神仏を立証安国論で破折…

　　妙界の虎は日蓮の教えも破折する

　　☆それは何故…？

☆　宗教に 祈る対象物は無い。**自然界**の**道理法則**が…『**真**』の**宗教**である。日蓮は 祈る本尊を顕した…縋ると 成仏して仏に**成**る。虎は **人間は自然界**に『**冥合**』をして生きる生命は永遠 来世も再び人間に宿るかは…？

☆　日蓮と虎は 通じる…既存宗教の間違いを説いている。**日蓮**の生誕は**安房**(アワ)の国…**虎**も**阿波**(アワ)の国である。日蓮が三大秘法の本尊を顕したのが **十月十二日**…虎の肉体が 蘇生したのが… **十月十二日**…である。

☆　日蓮も…虎も一国の誤りを 正そうとした虎の尊敬する 政治家…**角栄**先生も日本国の独立政策で 逮捕された。第一回の判決日が**十月十二日**…是は妙学に通じる。

　　　　　　　　　　　　　　　　　　妙界の虎

● 『妙学』で… 新世紀を　その四

◎　さぁ～太陽は東から西に…

　　　自然界に冥合した新時代を…？

　　　　☆どうするの～？

☆　先ずは…お部屋に『徳』の額を　良く使う居場所　トイレでも良い…掲げる。只それで良い…気が向けば　朝夕の挨拶を『徳君』にお早うから始める。この教えは　既存の教え宗教では無いから…**祈る**対象物では無い。

☆　親しく成れば　悲しい事…日々楽しかった出来事を　話し掛けてみる。その内に貴方の命に『徳』が宿った事を…肌で感じ　貴方の**分身**に成れば…貴方の　**絶体絶命**の危機には頼まなくとも　徳が…お側で貴方を守る。

☆　是は…**虎**の**人生体験**から　顕しているので間違いは無い。**さぁ～**貴方様も　徳を宿して楽しい価値の有る　自然界に冥合した**人生**を送ろう　それが『**新世紀**』である。　　　　　　　　　妙界の虎

● 『妙学』で…新世紀を　その五

◎　人間の肉体に宿る『生命』は…
　　　消えても『正命』は永遠である。
　　　　☆徳を宿せば判る

☆　人間の体は朽ちても　人間に宿った生命が消え
　ても　人間の真の『正命』は永遠であり今世の貴
　方の容姿や環境は　前世での貴方の行動結果であ
　る。因って人間は　生まれ乍の不平等に証明され
　る…この意味 判る…？

☆　現代の日本人は『民主主義』が 正しいと信じ
　ている様だが ドッコイ『民主教育』は最悪であ
　る。それは何故か…太陽は 東から西に…人の道
　を弁えない 団塊二世〜三世の日本社会を見よ…
　見ても判らないか…？

☆　妙界の使者…虎は 人類史三千年の文明を根底
　から覆す『文殊の会』開闢を 宣言する背く輩は
　『自然界』から報いを 必ず被ると虎の人生体験よ
　り警告する。　　　　　　　　　　　　妙界の虎

● 『妙学』で…新世紀を　その六

◎　虎の怒り　本音を物申す…大臣職が
　　国民に詫びる　不様な政治を斬る。
　　　☆それは何故…？

☆　民主教育で『人の道』を弁えた　政治家も国民
　も居ない日本国は崩壊し　顔は日本人に近いが　行
　動は畜生に劣る。選挙で選ばれた議員が議会に出
　席しない　最早語るに無し。義務の果たせない　輩
　を選ぶ国民が悪い。

☆　議員定数も地域人口で決める　この間違い敗戦
　後復興は　何故出来たのか…判る議員も国民も一
　人も　居ない。日本の議会新制度は現代と　日本未
　来構築…この二院制度にせよ　政治とは国民に夢
　と未来　希望を与える。

☆　人類の絶対的価値観は　人類の存続であるデジ
　タルと　マイナンバーで　日本は　瞬時に崩壊しない
　ように…？　　人類は今滅亡の坂を転げ落ちてる
　この意味判る…？　　　　　　　　　　妙界の虎

● 『妙学』で…新世紀を　その七

◎　人類の目的は 平和でも

　　　進歩でもなく 存続である。

　　　　☆それは何故…？

☆　人類の居ない地球上には…平和も 幸せも無い…。有りますか…？　全人類に問う…。人類は『存続』にこそ価値が有り 相反する行為は全て悪である。貢献する行為は 全て善である。是が自然界…『妙学』である。

☆　現代社会は この価値観が間違っている…違いますか…？　人間は先ず子孫を残す事が絶対的価値観 人間の使命である。男と女は同権だが 人間が『工場生産』される時迄は平等ではない。男に子供は産めない。

☆　人類の目的は『平和でも 進歩でも』なく存続である。現代の人間社会の生業は 全て自然界の法則に 相反する。人類は…進歩の限界で 今世紀に滅亡する。　　　　　　　　　妙界の虎

● 『妙学』で…新世紀を　その八

◎　『虎の著書』は…自然界の法則に
　　背反した『人類』を 正して行く。
　　☆その作品とは…？

☆　『文殊』は西暦二千年 虎『還暦記念』に全国発
　　売をした。内容は 虎の波乱な**人生**と滅亡に向か
　　う 人間社会を著すも…虎が追い求めている『**人
　　類哲学**』を 文言に顕す事は出来ず 十年後 古希の
　　朝『**徳**』が顕れた。

☆　因って 早速…『**貴方に幸運を呼ぶ徳**』を出版
　　…。**アマゾン**様では 定価七百三十円の文庫本が
　　状態の良い古本は**九千八百円**にて紹介されていた
　　が…この作品には 手違いが有るので 再版は しな
　　かった…。

☆　作品は **虎七十年の人生体験哲学**である。範疇
　　にする 正価値は『**動 功 徳**』反価値に『**死 罪
　　罰**』を以て 競争する事では無く…人類は **共存 共
　　生 存続**である。　　　　　　　　　**妙界の虎**

● 『妙学』で…新世紀を　その九

◎　虎の祖父は 己の体で人間の
　　臨終…死に様を 虎に諭した。
　　☆人類の為に…？

☆　祖父の国市は享年**九十二歳**真言宗の行者 仕事
　は林業 いつも通り山に行くも**昼に帰宅**『ネエは
　ん オラ〜今から**死んでいくわぇ**〜縁者を呼んで
　くれ』母より連絡を受け **虎は祖父の好物 超特級**
　酒を買い 実家に帰る。

☆　**長男の虎**が帰ると 親戚縁者は既に集まり虎が
　酒を注ぐと『アッァ **旨いわぃ**』叔父に『**近市モ**
　〜一杯くれ』注ぐと **喉を鳴らして**飲む。虎は仏
　壇に 法華経の題目を唱えると母が『**爺やんが**
　…』祖父は**目を閉じる**。

☆　その時 祖父の実家の叔父だったと思うが**合掌**
　するの**では無く** 笑顔で**拍手をし全員**が祖父を 拍
　手で送る。是が**人間の死**であると**祖父は虎に** 己
　の**身を以て諭す**。　　　　　　　　妙界の虎

● 『妙学』で…新世紀を　その十

◎　今から半世紀前 虎が燃焼した

故郷『徳島』には 何かがある。

☆それは何か…？

☆　虎が顕す『徳生文明』の起源が 存在する五滝 天の岩戸 卑弥呼の故郷 耶馬台国…。阿波踊り 三 味線のバチ裁き…。鳴り物から踊り子の指先まで もが一糸乱れず その場で止まる…是ぞ 自然界の 摂理…徳生文明…。

☆　徳島の町は 駅を背に 緑の芝生と 椰子の並木通 りが 眉山へ続く。巓には四国放送とNHKの電波 塔が 聳え立つ。この塔からは徳の波形を 世界中 に発信…虎の文化活動を激励する 坂本NHK 元 会長も 浮ばれる。

☆　徳島の向いには 日本国 初の台地 沼島が有り 耶馬台国は…徳島である。文殊の会が日の目を見 れば…徳の故郷 徳島は…人類の故郷に…一度は こんせよ。　　　　　　　　　　　妙界の虎

● 『妙界の虎』　　　　　　　　　巻末言

◎　この広大無限 無始無終である…大宇宙の小さ
な惑星 地球を守る為に自然界は色々な生物を宿
し 存続して来た。だが一欠けらの人間如きが…
この自然界を 破壊している。

★　人類史三千年は…神仏に騙され 生まれた文明
文化で 人類は目的を間違えた。人間は自然界で
生かされている。生命とは永遠…人類は『存続』
する事に 価値が有る。

◎　この人間が…自然界から逸脱し 今滅亡の渦中
に飲み込まれている。要因は 何か…？『平和 幸
せ 自由 人権 平等』には 表裏が有る…先ず 是ら
の五句を 正す事である。

★　植物の樹木に例えるならば 枝葉では無く新世
紀は 幹を求めて行く…。人類の絶対的目的は 現
代社会の競い 殺し合う 戦いではなく『存続』で
ある…〆　　　　　　　　　　　妙界の使者 虎

◎　徳の妙学で 苦悩に喘ぐ… 人類を救う。

● 虎の ご挨拶

　ハイ　人類史上で初めて　この**奇妙**な世界にご案内させて頂き　お疲れ様でした。貴方様の命が**自然界の法則**である『**徳**』に触れられて何かを感じられた事と思います。

　この教えは　**自然の法則**です。貴方様の命に『**徳**』が宿ると　今まで想像すら出来なかった人生が芽生えます。貴方様の　お部屋に是非『**徳**』を掲げそして日々の出来事を『**徳**』に話し掛けて下さい。

妙界の使者 虎

● 　虎は 巻末で 再度吠える

◎ 　人類の存続は 虎が顕す『徳』の
　　　お化け文明の 爆発より他に無い
　　　★それは何故…？

★ 　現代社会の生業は 全てが自然界の法則に相反
している。因って自然界は 人類滅亡に動いてい
る。戦争 自然災害 感染病に 難病 性的異常人間
癌に若年性認知症は益々増える。自然界では 治
らない病気には 掛からない。

★ 　虎が吠えても遅いが 自然界は動くかも…虎の
教えは 自然界の法則に冥合した唯一の哲学…。
自然界では『冬は必ず 春と成る』虎が叫んでも
現代人には人類滅亡の経験が無い為 嘲笑うだろ
うが 妙界の虎は闘う。

★ 　人類の存続には『徳生文明』を 於いて…他に
無い。勇気ある…老若男女よ 自然界の法則を一
字に認めた 哲学『徳』の元に集え人類存続の為
に 人生を生きよ。　　　　　　　　　妙界の虎

貴方に幸運を呼ぶ

徳で…『妙界の虎』を…〆る。

徳　妙界の虎

● 妙界より 人類に諭す

◎ 人生は一度で無い 体は 朽ちても

　　　貴方の『生命』は『永遠』である

◎ 人間は己の『前世』の因を持って

　　　生まれ乍に不平等 何故か… 判る

◎ 現代文明は 全て 自然界の法則に

　　　相反する この人間社会を正す

● 貴方を守る（遠）を届ける…

◎ 何時の世にも 君が居て 僕も居る

　　　心…静かに 考えれば 自然に判る

◎ 人間の生死は 裏と表 人間は必ず

　　　死ぬが…生まれる 是が 自然の摂理

◎ さぁ～自然界に冥合した人生を…

　　　この一冊は貴方を守り仕事をする

● 自然界の 法則である

● この人類史を変える 一代偉業を貴方が成す 人類の存続の為に…。

著者プロフィール

原田 利徳 (はらだ としのり)

徳島県出身、千葉県在住。

1940 年	四国の山奥で生まれる。
1965 年	ハラダ電機出版設立（英語教材の出版）
1966 年	ハラダ有線テレビ設立（CITV）
1967 年	全国小型船舶振興会を設立（船舶免許の教習）
1970 年	ハラダ建設工業設立（建設業）
1984 年	日本芸能振興会理事長（日本舞踊の国内海外公演）
1990 年	韓国、国際敬老クラブ初代総本部長
2006 年	CD サービス勤務（建設機械の修理）
2018 年	KMJ 勤務（空港施設警備）

著書
2000 年	文芸社より随筆『文殊』の出版
2012 年	文芸社より『貴方に幸運を呼ぶ徳』の出版

感謝状
1985 年	市原市他 4 市より「社会福祉に貢献した感謝状」
1989 年	韓国敬老奉仕会本部より「日・韓友好に貢献した感謝状」
1991 年	韓国敬老奉仕会本部と日本芸能振興会本部と姉妹の盾を交換する。

妙界の虎は

2024年1月15日　初版第1刷発行

著　者　原田 利徳
発行者　瓜谷 綱延
発行所　株式会社文芸社
　　　　〒160-0022 東京都新宿区新宿1−10−1
　　　　　　　　電話 03-5369-3060（代表）
　　　　　　　　　　 03-5369-2299（販売）

印刷所　株式会社フクイン